가정 추모 예배서

가정추모
예배서

한치호 지음

두돌비

|머 리 말|

가족에게는 축제, 하나님께는 영광

추모예배는 가정에서 치를 수 있는 가장 거룩한 예식이다. 그리고 가족공동체에게는 죽은 이를 추모하면서 가족의 단결을 도모해주는 축제가 된다. 이에 필자는 이 거룩한 예식을 준비하는 이들에게 예배 인도서요, 참고할 만한 자료로 준비되도록 하기에 전심전력하였다. 예배의 흐름을 구상하고, 낱말 하나하나를 선택하며, 한 문장을 완성해가는 과정에서 성령님의 인도하심을 간구하였다.

우리가 죽은 이를 추모할 때, 고인의 형편에 따라 하나님의 말씀과 사람의 위로가 다르게 된다. 추모의 대상자가 예수님의 품에서 죽음을 맞이한 경우와, 안타깝지만 불신앙으로 살다가 죽음을 맞이한 경우가 있다. 이 책에서는 추모예배의 순서와 말씀을 신자로 살다가 간 성도, 불신자로 살다가 간 이의 경우로 구분해서 집필하였다.

이제, 죽은 이가 신자로 살았든지, 불신앙으로 살았든지 '지금, 여기에서' 우리가 하나님을 예배한다는 것이 감사하며 거룩한 일이다. 어떤 형태의 삶을 살았든지 죽은 이는 남겨진 자에게 인생의 교훈을 주고 떠나기 마련이다. 하나님 앞에서 그를 추모하며 예배하게 되었다는 경건한 즐거움으로 이 예식을 진행해야 할 것이다.

이 책에 집필된 예배의 순서를 따라 추모예배를 드리고, 하나님의 영광을 구하는 가정마다 은혜와 평강이 넘치기를 소망한다.

2008년 9월
한 치 호 목사

| 차 례 |

머리말 / 5
추모예배, 이것만은 주의하라 / 8

추모생신일 예배 • 신자의 가정 · · · · · · · · · · · · · · ·10
       • 불신자의 가정 · · · · · · · · · · · · · · ·24

추모소천일 예배 • 신자의 가정 · · · · · · · · · · · · · · ·38
       • 불신자의 가정 · · · · · · · · · · · · · · ·52

설날 가정 예배 • 신자의 가정 · · · · · · · · · · · · · · ·66
       • 불신자의 가정 · · · · · · · · · · · · · · ·80

설날 성묘 예배 • 신자의 가정 · · · · · · · · · · · · · · ·94
       • 불신자의 가정 · · · · · · · · · · · · · ·108

| 한식 성묘 | 예배 • 신자의 가정 · · · · · · · · · · · · · ·122
| | • 불신자의 가정 · · · · · · · · · · · · · ·136

| 추석 가정 | 예배 • 신자의 가정 · · · · · · · · · · · · · ·150
| | • 불신자의 가정 · · · · · · · · · · · · · ·164

| 추석 성묘 | 예배 • 신자의 가정 · · · · · · · · · · · · · ·178
| | • 불신자의 가정 · · · · · · · · · · · · · ·192

| 장례 후 위로 | 예배 • 신자의 가정 · · · · · · · · · · · · · ·206
| | • 불신자의 가정 · · · · · · · · · · · · · ·218

| 첫 성묘 | 예배 • 신자의 가정 · · · · · · · · · · · · · ·230
| | • 불신자의 가정 · · · · · · · · · · · · · ·242

• 참고문헌 / 254

추모예배, 이것만은 주의하자

1. 추모예배의 의미
하나님은 모든 인생에게 추모의 은혜를 주셨습니다. 하나님을 알지 못하는 자들은 각자의 양심과 생각에 따라 조상을 추모하였습니다. 우리에게 이 시간은 조상을 기려 그에게 감사하는 예배가 아닙니다. 인간의 예배는 오직 하나님께만 드려져야 합니다. 조상을 추모하게 해주심에 대한 하나님의 은혜를 기억하고, 여호와께 합당한 영광을 드리는 의미에서 예배하는 시간을 가져야 합니다.

2. 음식상 차리기
유교에서의 제사는 음식을 매개로 하여 죽은 자와 산 자가 연결된다는 의식을 갖고 있기 때문에 제사상을 차립니다. 그러나 우리는, 죽은 자는 흙에서 온 인생이 흙으로 돌아갔을 뿐이라 생각합니다. 그러므로 우리는 죽은 자를 위한 음식을 차리지 않습니다. 예배를 마친 후에, 참여자들이 음식을 즐기며 식탁공동체의 기쁨을 나누는 것이 바람직합니다.

3. 예배의 인도자
돌아가신 이를 추모하면서, 그 감사로 드려지는 예배에는 성령님의 감동에 따라 예배의 인도자가 세워지도록 합니다. 가령, 장손이나 호주가 예배의 인도자가 되어야 한다고 고집할 필요가 없다는 것입니다. 장손을 고집하는 것은 유교의 습관에서 비롯된 제주의 의미가 있습니다. 성령님께서 세워주시는 사람이 예배를 인도할 때, 더욱 큰 은혜를 보게 됩니다.

4. 예배의 순서

예배의 시작에서는 묵상기도와 신앙고백, 주기도문을 따라 하는 기도 등이 좋습니다. 묵상기도를 할 경우에는 묵상의 말씀을 낭독하고, 간결한 분량의 기원을 합니다. 이어서, 찬송가를 부르고, 예배를 위하여 담당자가 기도를 합니다. 본문 말씀을 나누며, 설교를 합니다. 설교의 시간은 약 7-10분 정도가 알맞다고 봅니다. 이제, 찬송을 한 곡 더 부르고 마무리 기도를 하고 마칩니다.

5. 죽은 이에 대한 호칭

예배는 하나님께 드려지는 것이므로 추모하는 조상에게 경어를 붙이지 않아야 합니다. 가령, 추모하는 이가 생전에 교회 앞에서 장로로 살았다면, "고(故) ○○○ 장로께서" 정도로 하는 것이 바람직하다 봅니다. 그가 몸으로 살아있었을 때의 교회에서 받은 직분의 명칭을 이름 뒤에 붙이는 정도로 합니다. 만일, 추모하는 대상자가 불신자였다면, "고(故) ○○○ 님께서", 또는 어머니나 아버지 등의 호칭을 사용합니다.

6. 장례 이후의 삼우제

삼우제(三虞祭)는 유교식 정통장례의 한 용어로서 죽은 사람의 장사를 지낸 후에 세 번째 지내는 제사라는 뜻입니다. 즉 죽은 이의 혼백을 평안하게 하기 위해 지내는 제사를 말합니다. 그러므로 우리는 삼우제라는 말을 사용해서는 안 됩니다. 죽은 이를 장사하여 조성된 묘소를 찾을 때는, "첫 성묘"라고 하는 것이 좋습니다.

추모생신일 예배 신자의 가정 1

당대에 완전한 의인

‖ 묵상기도의 말씀 ‖
"이것이 노아의 족보니라 노아는 의인이요 당대에 완전한 자라 그는 하나님과 동행하였으며 세 아들을 낳았으니 셈과 함과 야벳이라" (창 6:9-10).

- 찬송가_22장, 545장
- 성경 본문_창세기 6:5-12

말씀의 요약

오늘, 고 ○○○ 님을 추모하여 하나님께 예배하게 하셨음에 감사드리며, 우리에게 주신 하나님의 말씀을 함께 나누겠습니다. 오늘, 우리를 위로하시는 은혜는 당대에 완전한 자로 살았던 노아의 삶을 묵상하게 하심입니다.

1. 하나님의 탄식

먼저, 본문 5-6절에서, "여호와께서 사람의 죄악이 세상에 가득함과 그의 마음으로 생각하는 모든 계획이 항상 악할 뿐임을 보시고 땅 위에 사람 지으셨음을 한탄하사 마음에 근심하시고"라고 하였습니다. 하나님께서는 우리를 존귀한 사람으로 지으셨음에도 불구하고, 사람이 여호와 앞에서 선을 행하지 않아 죄로 떨어지고, 세상을 죄의 소굴로 만들었습니다.

2. 심판의 계획

하나님께서는 죄로 오염된 세상을 그대로 내버려 두실 수 없으셨습니다. 그것은 하나님께서 지으신 세계가 아니기 때문입니다. 사람을 지으시고, 하나님의 영광을 드러내려 하셨는데, 사람이 오히려 여호와께 한탄과 근심의 대상이 된 것입니다. 이에, 하나님께서는 세상을 쓸어버리려 하신 것입니다.

3. 최선의 사람 – 의인

본문 8절에 노아에 대한 기록이 나오는데, 그는 여호와께 은혜를 입었다고 하였습니다. 노아는 최악의 시대에 최선의 삶을 살았던 사람임을 알 수 있습니다. 이것을 보면, 우리가 의롭게 사는 것도 여호와의 은혜라는 것을 알게 됩니다. 하나님께서는 노아를 통해서 세상의 심판을 준비하셨습니다. 하나님은 우리를 사용하려 하십니다.

노아의 삶에서 교훈을 받는 중에 고 ○○○ 님의 생전의 모습이 눈앞에 떠올랐습니다. 고인께서는 노아의 삶을 흠모하셨는데, 이 은혜가 자녀들과 이 가정에 풍성하기를 축복합니다.

기도문

사랑의 주 하나님, 고 ○○○ 님께서 만세 반석이 열린 곳에 계심을 감사하는 가족들에게 더욱 하나님의 나라를 소망하는 은혜를 주시옵소서. 귀한 지체들이 노아와 같이 하나님의 쓰임에 준비함이 있게 하시옵소서. 예수님의 이름으로 기도드립니다. 아멘.

추모생신일 예배 | 신자의 가정 2

가족 안에서의 윤리

‖ **묵상기도의 말씀** ‖
"그가 그에게 대답하되 아니라 내 오라버니여 나를 욕되게 하지 말라 이런 일은 이스라엘에서 마땅히 행하지 못할 것이니 이 어리석은 일을 행하지 말라" (삼하 13:12).

- 찬송가_91장, 272장
- 성경 본문_사무엘하 13:10-14

말씀의 요약

하나님의 품에 안겨 계시는 고 ○○○ 님을 추모하면서, 예배하게 하신 여호와께 영광을 드리고, 우리에게 주신 하나님의 말씀을 나누겠습니다. 오늘, 우리를 위로하시는 은혜는 가정에서 식구들이 여호와의 율례로 살아야 한다는 것입니다.

1. 가정의 보호

하나님은 가정을 세우시고 거룩하게 하셨습니다. 가정에는 부모와 자녀들이 모여 가족사회를 이루는데, 여기에서는 지켜져야 하고, 보호되어야 하는 윤리가 있습니다. 하나님께서는 사회적인 윤리와 도덕의 보루가 가정에 있음을 아시고, 가족의 윤리에 관심을 가지셨습니다. 구약의 계명들을 보면 가족에 대한 내용들이 많습니다.

2. 다말을 욕보인 암논

다윗의 아들 암논은 배다른 누이인 다말을 연모하였습니다. 그는 다말에 대한 욕정이 타올라 그녀를 침실로까지 유인하였습니다. 그리고 오빠를 위해서 음식을 가져온 다말을 겁탈하였습니다. 다말은 암논을 말렸으나 본문 14절을 보니, "암논이 그 말을 듣지 아니하고 다말보다 힘이 세므로 억지로 그와 동침하니라"라고 하였습니다.

3. 화를 불러옴

이 일로 말미암아 다윗의 가정에 화가 되었습니다. 우리가 읽지는 않았으나 21절을 보니, "다윗 왕이 이 모든 일을 듣고 심히 노하니라"라고 하였습니다. 자녀는 부모를 기쁘게 해드려야 하는데, 암논은 아버지에게 근심이 되었습니다. 그리고 그는 압살롬으로부터 미움을 사게 되었습니다. 그리하여 다윗의 가정에 화평이 깨졌습니다.

가정의 질서를 파괴하며, 자기를 절제하지 못했던 암논의 이야기는 우리가 경고의 말씀으로 받아야 합니다. 가정을 사랑하고, 가족을 위하여 사셨던 고 ○○○ 님의 삶의 복이 이 가정에 넘치기 바랍니다.

기도문

하나님 여호와여, 사랑하는 가족들에게 고 ○○○ 님께서 가 계신 하늘, 그 하늘에 가는 밝은 길을 바라보고 사는 은총을 내려 주시옵소서. 암논의 삶을 경고로 받아, 여호와 앞에서 가족을 존경하게 하시옵소서. 예수님의 이름으로 기도드립니다. 아멘.

추모생신일 예배 신자의 가정 3

하나님의 미워하시는 일

‖ **묵상기도의 말씀** ‖
"여호와께서 이스라엘의 온 족속을 버리사 괴롭게 하시며 노략꾼의 손에 넘기시고 마침내 그의 앞에서 쫓아내시니라"(왕하 17:20).

- 찬송가_33장, 274장
- 성경 본문_열왕기하 17:13-18

말씀의 요약

지금은 믿음의 행전을 다 쓰고, 하늘에 계시는 고 ○○○ 님으로 인하여 하나님의 이름을 송축하며, 우리에게 주신 하나님의 말씀을 나누겠습니다. 오늘, 우리를 위로하시는 은혜는 하나님의 미워하시는 일을 거절하여 복되게 하심입니다.

1. 우상을 섬기지 말라

이스라엘 백성들은 여호와의 것입니다. 그들은 오직 하나님만 섬기고, 의뢰해야 하였습니다. 이스라엘의 호세아 왕은 여호와의 말씀을 백성들이 어기도록 하였고, 우상을 숭배하게 하였습니다. 이스라엘의 곳곳에 산당을 세웠고, 산과 나무 아래에는 목상과 아세라상을 세웠습니다. 산당에서 분향하며 여호와를 격노케 하였던 것입니다.

2. 각 선지자와 각 선견자

하나님께서는 그들이 우상을 숭배하는 데서 돌이키도록 선지자들을 보내셨습니다. 또한 선견자들이 가르치도록 하셨습니다, 그러나 그들은 하나님의 종들의 말을 듣지 않았습니다. 그들은 고의로 하나님께 대하여 목을 뻣뻣하게 하였습니다. 본문 15절에 보면, 여호와의 율례와 말씀을 버리고 허망한 우상을 따랐다고 하였습니다.

3. 하나님의 말씀을 버리지 말라

본문 16-17절에서는 그들의 죄가 어떠하였는지를 자세히 보여줍니다. 여호와의 모든 명령을 버렸다고 하였습니다. 말씀을 버린 결과, 두 송아지 형상을 부어 만들고 또 아세라 목상을 만들고 하늘의 일월성신에게 경배하는 죄를 지었습니다. 나아가 여호와 보시기에 악을 행하여 그를 격노하게 했다고 하였습니다.

사람이 죄를 짓게 되는 까닭은 하나님의 말씀에 무지하기 때문입니다. 그러므로 말씀을 늘 가까이 하고, 우상을 섬기는 행위를 하지 않도록 힘써서 하나님께 합당한 삶을 사시는 복이 있기를 원합니다.

기도문

> 복의 근원이 되시는 하나님, 고 ○○○ 님께서 신앙의 선배로서 열린 천국문으로 들어가셨음에 감사드립니다. 이제, 저희들도 갈 길을 다 가면 갈 터인데, 복 된 식구들이 말씀을 가까이 하며, 사는 은혜를 누리게 하시옵소서. 예수님의 이름으로 기도드립니다. 아멘.

추모생신일 예배 | 신자의 가정 4

하나님이 받으실 만한 일

‖ 묵상기도의 말씀 ‖
"이것이 우리 구주 하나님 앞에 선하고 받으실 만한 것이니 하나님은 모든 사람이 구원을 받으며 진리를 아는 데에 이르기를 원하시느니라"(딤전 2:3-4).

- 찬송가_90장, 221장
- 성경 본문_디모데전서 2:1-7

말씀의 요약

고 ○○○ 님께서 영원한 집에 계심을 즐거워하여 하나님께 예배하는 지금, 우리에게 주신 하나님의 말씀을 나누겠습니다. 오늘, 우리를 위로하시는 은혜는 이 자리에 모인 저희들 모두에게 하나님이 받으실 만하게 살게 하심입니다.

1. 남을 위해 기도하라

성도의 행위가 하나님께서 받으실만 하려거든 기도해야 합니다. 본문 1절에서, "그러므로 내가 첫째로 권하노니 모든 사람을 위하여 간구와 기도와 도고와 감사를 하되"라고 하였습니다. 바울이 디모데에게 첫째로 권하는 일이 모든 사람을 위한 기도라는 것입니다. 성도는 한 지체가 되어있는 이들을 위해서 기도해야 합니다.

2. 지도자를 위해 기도하라

성도의 행위가 하나님께서 받으실만 하려거든 기도를 하되, 임금들과 높은 지위에 있는 사람을 위하여 간구해야 합니다. 이는 임금과 높은 위치에 있는 정치인들을 위하여 기도하라는 것입니다. 우리는 나라와 민족을 위해서도 기도해야 합니다. 이 기도에 하나님께서 모든 경건과 단정함으로 고요하고 평안한 생활을 하게 해주십니다.

3. 하나님의 뜻에 순종하라

성도의 행위가 하나님께서 받으실만 하려거든 하나님의 뜻이 이루어지도록 도모해야 합니다. 그러면 우리가 도모해야 될 하나님의 뜻이 무엇입니까? 본문 4절에서, "하나님은 모든 사람이 구원을 받으며 진리를 아는 데에 이르기를 원하시느니라"라고 하였습니다. 하나님께서 구원하시기로 작정된 자들이 구원을 받도록 협력해야 합니다.

고 ○○○ 님을 기억할 때, 기도하시던 모습이 눈에 선합니다. 우리 ○○ 교회에서도 신앙의 본이 되시고, 평생을 기도로 사셨던 고인의 믿음이 자손들에게 이어지기를 주님의 이름으로 축복합니다.

기도문

생명의 주 여호와여, 고 ○○○ 님의 마음을 붙드셔서, 천국을 사모하게 하셨던 은총이 이 가정에 넘치기를 소망합니다. 성령님의 인도하심에 따라 기도와 말씀에 순종함으로 사는 가족이 되게 하시옵소서. 예수님의 이름으로 기도드립니다. 아멘.

추모생신일 예배 | 신자의 가정 5

세우심을 받은 사람들

‖ **묵상기도의 말씀** ‖
"예수께서 그의 열두 제자를 부르사 더러운 귀신을 쫓아내며 모든 병과 모든 약한 것을 고치는 권능을 주시니라"(마 10:1)

• 찬송가_93장, 495장
• 성경 본문_마태복음 10:1-8

말씀의 요약

고 ○○○ 님을 아버지의 품으로 받아주셔서, 영원한 안식을 누리게 하신 하나님께 감사하여 예배하는 지금, 우리에게 주신 생명의 말씀을 나누겠습니다. 오늘, 우리를 위로하시는 은혜는 하나님은 일꾼을 세우신다는 것이요, 바로 우리가 일꾼이라는 것입니다.

1. 선택되어진 일꾼들

본문을 보니, "또 산에 오르사 자기의 원하는 자들을 부르시니 나아온지라"라고 하였습니다. 예수님께서는 일꾼들을 선택하였습니다. 주님께서 일꾼을 선택하심은 하나님의 방법이었습니다. 우리는 성경에서, 특히 구약에서 하나님은 언제나 그 시대와 세상을 위하여 하나님의 사람들을 선택하시고 부르신 것을 보게 됩니다.

2. 훈련을 받은 일꾼들

"이에 열둘을 세우셨으니 이는 자기와 함께 있게 하시고"라고 하였습니다. 예수님은 선택하신 일꾼들을 훈련시키셨습니다. 주님께서 제자들을 함께 있게 하신 것은 가르쳐 주고, 훈련시키기 위한 것이었습니다. 예수님께서는 많은 사람들 중에서 선택받은 그들을 훈련시켰습니다. 그렇게 훈련된 제자들에 의해 교회가 세워졌습니다.

3. 보내어진 일꾼들

"또 보내사 전도도 하며 귀신을 내쫓는 권능도 가지게 하려 하심이러라"(막 3:14-15)라고 하였습니다. 예수님께서는 일꾼들을 파송하였습니다. 일꾼들을 세우신 목적은 일하기 위해서입니다. 하나님 나라의 일에는 많은 사람이 필요하지 않습니다. 잘 훈련된, 그리고 헌신적인 사람 몇 사람만 있으면 세상을 변화시킬 수 있는 것입니다.

예수님께서 열둘의 제자들을 불러 따로 세우셨다면, 우리는 성령님의 인도하심으로 따로 세워졌습니다. 우리가 기억하는 대로 고 ○○○님께서는 천국 일꾼으로 충성을 다하는 삶을 사셨는데, 그 은혜가 이 가정의 지체들에게 넘치기를 축복합니다.

기도문

> 좋으신 우리 하나님, 저희들을 불러내어 하나님의 일꾼들로 세워주셨음에 감사드립니다. 이 시간에 머리를 숙인 모든 지체들에게, 세상으로 보내어진 하나님의 일꾼으로 살기를 다짐하게 하시옵소서. 예수님의 이름으로 기도드립니다. 아멘.

추모생신일 예배 신자의 가정 6

기도에 항상 힘쓰라

‖ **묵상기도의 말씀** ‖
"기도를 계속하고 기도에 감사함으로 깨어 있으라 또한 우리를 위하여 기도하되 하나님이 전도할 문을 우리에게 열어 주사 그리스도의 비밀을 말하게 하시기를 구하라 내가 이 일 때문에 매임을 당하였노라"(골 4:2-3).

- 찬송가_23장, 361장
- 성경 본문_골로새서 4:2-4

말씀의 요약

우리에게 믿음의 삶에 대한 교훈을 보이시고, 지금은 천국에 계시는 고 ○○○ 님을 추모하면서, 생명의 말씀을 나누겠습니다. 오늘, 우리를 위로하시는 은혜는 기도에 힘쓰는 삶을 살도록 하심입니다.

1. 성도는 기도의 사람

바울은 골로새 성도들에게 기도를 계속하라고 권면하였습니다. 그것은 그들이 기도의 사람이 되어야 하였기 때문입니다. 우리는 예수님께서 기도의 본을 보여 주신 그대로 기도해야 합니다. 여자에게서 난 사람 중에 기도하지 않아도 될 사람은 오직 예수님 한 분밖에 없으신데도, 예수님은 기도를 많이 하셨습니다.

2. 기도를 쉬는 죄

사무엘은 기도하기를 쉬는 것은 여호와께 죄를 범하는 것이라고 하였습니다. 예수님의 공생애는 어떤 면에서 기도의 생애였습니다. 성도들은 기도하되, 항상 주님과 기도하는 사람이 되어야 합니다. 기도를 하면서 하나님 아버지와의 교제를 강화해야 합니다. 살아 있는 성도는 입술을 벌려 간구하고, 기도하는 마음으로 살아가야 합니다.

3. 낙심하지 않기 위한 기도

낙심은 성도들로 하여금 항상 기도에 힘쓰지 못하게 합니다. 그리하여 예수님은 낙심하지 말고 기도할 것을 교훈하셨습니다. 낙심은 사탄이 주는 최고의 선물입니다. 성도는 이 선물을 거절해야 합니다. 우리는 당장 기도의 응답이 없을지라도 낙심하지 않고, 하나님께서 가장 좋을 때에, 후하게 주실 줄로 믿고 기다려야 합니다.

낙망하지 않고, 기도로 살아가자는 말씀을 나누다보니, 고 ○○○ 님을 뵙는 듯합니다. 고인께서 하나님의 나라와 교회와 성도들을 위해서 무릎으로 사셨던 은혜가 여러분들의 것이 되기를 축복합니다.

기도문

> 기도를 들으시는 여호와여, 소망 가운데서 영광의 주님을 바라보며 사셨던 고 ○○○ 님을 추모하게 하시니 감사드립니다. 저의 신앙이 자녀들에 의해서, 손자들에게로 이어져 하늘의 문을 여는 기도의 가정이 되게 하시옵소서. 예수님의 이름으로 기도드립니다. 아멘.

추모생신일 예배 | 신자의 가정 7

형제를 사랑하는 자

∥ 묵상기도의 말씀 ∥

"자녀들아 우리가 말과 혀로만 사랑하지 말고 행함과 진실함으로 하자 이로써 우리가 진리에 속한 줄을 알고 또 우리 마음을 주 앞에서 굳세게 하리니" (요일 3:18-19)

- 찬송가_41장, 475장
- 성경 본문_요한일서 3:13-19

말씀의 요약

지금은 신앙의 본이 되신 고 ○○○ 님을 기억하면서, 그분과의 삶을 나누게 하신 여호와의 이름을 높이는 시간에, 우리에게 주신 말씀의 은혜를 나누겠습니다. 오늘, 우리를 위로하시는 은혜는 형제를 사랑하는 자가 되라는 말씀입니다.

1. 구원을 받은 증거

사도는 성도들이 서로를 형제로 받아 사랑하기를 원하였습니다. 형제를 사랑함으로 사망에서 옮겨 생명으로 들어간 줄을 알게 되기 때문입니다. 그러므로 가정에서도 부부 사이에, 부모와 자녀 사이에, 자녀들끼리 서로를 주 안에서 형제로 받아 사랑해야 합니다. 사랑을 통해서 스스로 구원의 확증을 갖고 더욱 믿음의 삶을 살게 됩니다.

2. 영생이 없는 사람

본문 15절을 보니, "그 형제를 미워하는 자마다 살인하는 자니 살인하는 자마다 영생이 그 속에 거하지 아니하는 것을 너희가 아는 바라" 하였습니다. 성도가 성도를 미워하는 것은 자신이 하늘에 속한 사람이 아니라는 증거가 됩니다. 우리는 성령님의 충만하심을 사모하고, 그 안에서 형제를 사랑하기에 힘써야 합니다.

3. 목숨을 버려라

성도의 형제 사랑의 표준이 있습니다. 그것은 사도가 16절에서 말씀하는 바와 같이, 형제들을 위하여 목숨을 버리는 것이 마땅하다고 하였습니다. 왜 그렇습니까? 예수님께서 우리를 위하여 목숨을 버리셨으니 우리가 이로써 사랑을 알게 되었기 때문입니다. 사람이 친구를 위하여 목숨을 버리면 이에서 더 큰 사랑이 없다고 하셨습니다.

고 ○○○ 님의 생애에서 보여주신 모습을 한 마디로 말한다면 사랑으로 사셨다는 것입니다. 형제를 사랑함이 구원을 받은 증거인데, 고인의 형제 사랑의 은혜가 가족들에게 있기를 축복합니다.

기도문

하늘에 계신 하나님, 고 ○○○ 님께서 저희들보다 한 발 일찍 가신 그 나라를 묵상하게 하셨음에 감사드립니다. 함께 예배한 지체들도 맡겨주신 일을 다 마치고 승리의 모습으로 본향으로 갈 것을 소망하게 하시옵소서. 예수님의 이름으로 기도드립니다. 아멘.

추모생신일 예배 | **불신자의 가정 1**

너는 복이 될지라

‖ **묵상기도의 말씀** ‖
"너를 축복하는 자에게는 내가 복을 내리고 너를 저주하는 자에게는 내가 저주하리니 땅의 모든 족속이 너로 말미암아 복을 얻을 것이라 하신지라"(창 12:3).

- 찬송가_86장, 291장
- 성경 본문_창세기 12:1-9

말씀의 요약

우리 다같이 ○○○ 님의 어르신이신 고 ○○○ 님을 추모하면서, 하나님께서 이 가정에 복을 주시기로 예비하신 말씀을 나누도록 하겠습니다. 오늘, 우리를 위로하시는 은혜는 하나님께서 우리를 복된 인생이 되게 하신다는 말씀입니다.

1. 떠나는 은혜

하나님께서 아브라함의 인생을 복되게 하시겠다고 하시면서 그에게 떠날 것을 말씀하셨습니다. 본문 1절에 "고향과 친척과 아버지의 집을 떠나 내가 네게 보여줄 땅으로 가라"는 말씀이 바로 그런 뜻입니다. 이는 과거의 죄악된 생활을 청산하고 새로운 출발을 하라는 것입니다. 하나님을 바라보며 새 소망으로, 새롭게 출발하라는 것입니다.

2. 말씀에 순종하는 은혜

하나님께서 아브라함의 인생을 복되게 하시겠다고 하시면서 그에게 요구하신 것은 순종입니다. 본문 4절을 보니, "아브람이 여호와의 말씀을 따라갔다"고 하였습니다. 하나님께서 약속하신 복된 삶을 살려면 하나님의 말씀대로 살아야 합니다. 말씀을 따라서, 말씀대로 사는 것이 믿음의 삶입니다. 우리는 하나님 말씀에 순종해야 합니다.

3. 예배의 은혜

하나님의 말씀에 순종하여 고향을 떠난 아브라함은 하나님께서 다시 나타나신 곳에서 예배를 드렸습니다. 아브라함은 단을 쌓고 여호와의 이름을 불렀습니다. 여호와 앞에서 복된 인생이 되려면 온전한 예배를 드려야 합니다. 하나님을 경외하는 첫째 행동은 예배입니다. 우리는 예배를 드림으로써 하나님을 영화롭게 해야 합니다.

우리도 여호와 앞에서 복된 삶을 살려면 떠남을 경험해야 합니다. 세상에 대하여 떠나야만 하나님께 대하여 순종하게 됩니다. 그리고 순종을 통해서 약속된 복을 여러분들의 것으로 삼기 바랍니다.

기도문

> 전지전능하신 하나님, 아브라함을 불러 복의 근원이 되게 하심처럼, ○○○ 님의 가정을 선택하여 복되게 하셨음에 감사드립니다. 오늘, ○○○ 님을 추모하며 예배할 때, 이 가정의 식구들에게 복에 복을 더하여 주시옵소서. 예수님의 이름으로 기도드립니다. 아멘.

추모생신일 예배 | 불신자의 가정 2

점령을 지체하지 말라

‖ 묵상기도의 말씀 ‖
"여호수아가 이스라엘 자손에게 이르되 너희가 너희 조상의 하나님 여호와께서 너희에게 주신 땅을 점령하러 가기를 어느 때까지 지체하겠느냐"(수 18:3).

- 찬송가_64장, 346장
- 성경 본문_여호수아 18:1-3

말씀의 요약

이 시간에, 고 ○○○ 님을 추모하면서 여호와의 은혜에 감사드리고, 그의 후손들이 주님의 이름으로 모여 예배할 때, 이 가정에 주신 말씀을 나누도록 하겠습니다. 오늘, 우리를 위로하시는 은혜는 도전하는 삶을 살라 하심입니다.

1. 하나님의 경륜에 대한 무지

이스라엘 백성들에 대한 하나님의 경륜이 있습니다. 그런데 그들은 자기들을 통해서 이루어지는 하나님의 경륜을 무시하였습니다. 그것은 가나안 정착을 통한 하나님의 경륜을 이해하지 못했기 때문입니다. 하나님께서는 우상숭배와 각종 범죄로 오염된 가나안 땅을 심판하시고 그곳에 당신의 거룩한 나라를 건설하고자 하셨습니다.

2. 나약한 신앙심

이스라엘 백성들은 오랜 기간의 전쟁으로 인해 심신이 피곤함으로

해서 의욕을 상실하였습니다. 그러나 그 피곤함을 핑계로 주어진 사명을 방관한다는 것은 그들의 하나님에 대한 믿음이 나약하다는 증거였습니다. 믿음이 충만한 사람은 어떠한 역경과 고난도 견디어 낼 수 있는 힘이 있습니다. 성령님의 감화로 강해집니다.

3. 현실에 안주하는 집착

이스라엘 백성들은 현실에 너무 집착하여 무사안일 해졌습니다. 현재 진행되고 있는 땅의 분배로 인한 정착생활의 필요성을 깨닫지 못한 것입니다. 따라서 꼭 해야 한다는 사명감이 부족해졌습니다. 전쟁에 나간다는 것은 힘들고, 고달프기에 현실의 풍족한 전리품과 명성에 안주했습니다. 현실에 안주하면 미래를 향해 도전을 못합니다.

성경에 이르기를, 천국은 침노하는 자가 빼앗는다고 하였습니다. 하나님께서는 우리에게 많은 것을 약속하셨는데, 거저 앉아서 받는 것이 아니고, 자신이 도전해서 성취하는 복을 말씀하셨습니다.

기도문

> 복의 문을 여시는 여호와여, ○○○ 님이 가정이 천국의 백성이 되게 하셨음에 감사드립니다. 오늘, 고 ○○○ 님을 추모하며 드리는 예배를 통해, 이 세상에 사는 동안에 주의 일에 힘쓰기를 결단하는 은혜를 주시옵소서. 예수님의 이름으로 기도드립니다. 아멘.

추모생신일 예배 | **불신자의 가정 3**

내가 새벽을 깨우리로다

‖ **묵상기도의 말씀** ‖
"내 영광아 깰지어다 비파야, 수금아, 깰지어다 내가 새벽을 깨우리로다 주여 내가 만민 중에서 주께 감사하오며 뭇 나라 중에서 주를 찬송하리이다"(시 57:8-9).

• 찬송가_9장, 310장
• 성경 본문_시편 57:1-9

말씀의 요약

우리 함께 고 ○○○ 님을 추모하는 자리가 하나님께 영광이 되기를 소망하며, 고인의 자손들과 우리 모두에게 주시는 하나님의 말씀을 듣겠습니다. 오늘, 우리를 위로하시는 은혜는 하나님 앞에서 새벽의 신앙을 가져야 함에 대한 말씀입니다.

1. 새벽을 깨우겠다는 결단

다윗은 그가 새벽을 깨우리라는 고백을 하였습니다. 이는 그가 고요히 잠든 이른 새벽부터 하나님을 찬양하겠다는 의미입니다. 그의 이러한 도전은 사울 왕의 추적을 피해 굴속에 숨어 있을 때 결단한 것입니다. 엄청난 위기에서 하나님의 은혜를 체험하게 된 다윗은 그 기쁨과 감격을 온 세계 모든 민족에게 전하기를 열망하였습니다.

2. 마음의 확정

다윗은 그의 마음이 여호와께 확정되었음을 고백하였습니다. 사울 왕의 추격을 피하면서, 하나님을 신뢰한 결과입니다. 여호와께서 자기와 동행한다는 사실을 의심하지 않은 결과입니다. 그는 두 번씩이나 이 사실을 강조함으로써 그의 결심이 확고부동하며, 그가 마음으로 여호와를 신뢰하고, 확신하고 있음을 분명히 하였습니다.

3. 노래하며 찬송함

다윗은 그가 여호와 하나님께 찬송할 것을 고백하였습니다. 본문 7절에서, 노래하며 찬송하겠다고 결단하였습니다. 지금의 순간이, 사실은 위태로운 시간이지만 하나님을 찬송하겠다는 것입니다. 이는 고난 속에서도 그가 하나님께 찬송을 드리고 영광을 바치겠다는 고백입니다. 이에 그는 비파와 수금도 깨라고 소리쳤습니다.

하루의 첫 시간인 새벽을 하나님과의 교제로 시작한다면, 그날은 종일 복될 것입니다. 여호와의 손이 함께 하셔서 형통한 하루를 보내게 됩니다. 새벽에 기도하여 하늘의 문을 여는 복을 받으십시오.

기도문

만족하게 하시는 하나님, 고 ○○○ 님의 추모를 예배로 하나님께 드리니 감사합니다. 주님을 반석으로 삼아 그 위에 서서 살아가는 이 가정의 지체들이 되게 하시옵소서. 이들이 간구할 때마다 하늘의 문을 열게 하시옵소서. 예수님의 이름으로 기도드립니다. 아멘.

추모생신일 예배 | **불신자의 가정 4**

너희 하나님 여호와께로

‖ **묵상기도의 말씀** ‖
"너희는 옷을 찢지 말고 마음을 찢고 너희 하나님 여호와께로 돌아올지어다 그는 은혜로우시며 자비로우시며 노하기를 더디하시며 인애가 크시사 뜻을 돌이켜 재앙을 내리지 아니하시나니"(욜 2:13).

- 찬송가_36장, 420장
- 성경 본문_요엘 2:12-14

말씀의 요약

나그네의 삶을 아름답게 사셨던 고 ○○○ 님을 추모하는 가족들이 여호와께 합당한 영광을 드리는 지금, 하나님께서 우리에게 주시는 소망의 말씀을 나누겠습니다. 오늘, 우리를 위로하시는 은혜는 자신을 돌이켜 회개하며, 예배 중심의 삶에 대한 말씀입니다.

1. 하나님께 돌아옴에 약속된 복

하나님께서는 복을 주시려고 돌아오라고 하셨습니다. 하나님께 돌아간다는 것은 하나님을 멀리하고, 우상을 숭배했던 죄에서 돌아선다는 것입니다. 자신의 생각에 따라 살던 삶의 태도를 버린다는 것입니다. 하나님을 하나님으로 섬기지 않았던 죄를 버리시기 바랍니다. 우리가 살 길은 이미 하나님께서 예비해 놓으셨습니다.

2. 회개함에 약속된 복

우리가 돌아가면, 하나님은 은혜로우시며, 자비로우시고, 노하기를 더디 하시는 손을 내밀어 주십니다. 그래서 마음을 찢는 회개를 하라고 말씀하셨습니다. 하나님께로 생각을 돌이켜서, 회개하는 마음으로, 나의 마음을 깨우치는 마음으로 은혜를 사모해야 합니다. 회개하고 하나님께서 약속해 주신 복을 기다리면 복이 임합니다.

3. 예물을 봉헌함에 약속된 복

여호와께 소제를 드리고, 전제를 드리는 것은 은혜의 특권입니다. 하나님의 전에 봉헌하지 않는 손길은 하나님께서 벌레를 먹게 하십니다. 하나님께 예물을 드리는 것은 아무나 할 수 있는 것이 아닙니다. 자녀로 선택을 받은 사람, 하나님께서 약속해 주신 복을 누리는 사람만이 예물을 드립니다. 즐겨 예물을 드려 복을 받으시기 바랍니다.

하나님을 아버지라 할 때, 그 아버지는 우리가 가정에서 경험하는 아버지의 개념보다 훨씬 큽니다. 하나님은 나에게 복을 주시는 아버지십니다. 여러분 모두 아버지의 복을 누리시기를 축복합니다.

기도문

존귀하게 하시는 여호와여, 이 시간에 고 ○○○ 님의 자손들이 여호와께 마음을 드리고, 오직 예배하는 가정이 되기를 소망합니다. 연약함 후에 강건하며, 애통한 후에 위로를 받는 자손들이 되게 하시옵소서. 예수님의 이름으로 기도드립니다. 아멘.

추모생신일 예배 불신자의 가정 5

온전한 사랑

‖ **묵상기도의 말씀** ‖
"또 네 이웃을 사랑하고 네 원수를 미워하라 하였다는 것을 너희가 들었으나 나는 너희에게 이르노니 너희 원수를 사랑하며 너희를 박해하는 자를 위하여 기도하라"(마 5:43-44).

- 찬송가_28장, 327장
- 성경 본문_마태복음 5:43-48

말씀의 요약

고 ○○○ 님을 추억하는 이 시간에 후손들이 생전 고인의 유업을 따르기로 다짐하며, 하나님께 예배할 때, 우리에게 주시는 영생의 말씀을 나누겠습니다. 오늘, 우리를 위로하시는 은혜는 사랑으로 온전함에 이르는 삶에 대한 말씀입니다.

1. 원수를 사랑하라

예수님께서는 "또 네 이웃을 사랑하고 네 원수를 미워하라 하였다는 것을 너희가 들었으나"라고 하셨습니다. 이 말씀에서 '원수'는 우리가 생각하는 원수의 개념과 다릅니다. 당시의 이스라엘 백성들에게 있어서, 이웃은 자기들의 동족이고, 원수는 이방인들을 가리켰습니다. 그러나 주님께서는 사람들이 무시하는 이방인들을 사랑하셨습니다.

2. 사랑의 대상

본문, 44절을 봅시다. "나는 너희에게 이르노니 너희 원수를 사랑하며 너희를 박해하는 자를 위하여 기도하라." 당시의 이스라엘 백성들은 이방인들을 경원시 하였는데, 주님은 원수에 대한 새로운 접근방법을 제시하셨습니다. 그것은 원수가 미움의 대상이 아니라 사랑의 대상이며, 저주의 대상이 아니라 기도의 대상이라는 것입니다.

3. 온전한 사랑

예수님께서는 "그러므로 하늘에 계신 너희 아버지의 온전하심 같이 너희도 온전하라"고 하셨습니다. 원수를 사랑하는 것은 사랑의 극치입니다. 원수를 사랑하는 자는 모든 사람을 사랑할 수 있습니다. 예수님께서는 자신을 십자가에 못 박은 사람들의 죄를 사해 달라고 기도하심으로써 원수를 사랑하는 실제의 본을 보여 주셨습니다.

사람이라면 누구나 자신의 원수에 대하여 미움으로 접근합니다. 그러나 주님께서는 사랑으로 대하셨습니다. 혹시 여러분들에게 원수가 있으시다면 사랑하심으로써 온전함을 이루시기를 기원합니다.

기도문

왕의 왕이신 하나님, 온 가족이 하나님을 경외하는 이 가정을 축복합니다. 여호와의 은총으로 온전한 사랑을 풍성하게 누리게 하시고, 이제 구원의 은혜를 즐거워하며, 기쁨으로 하루하루를 사는 가족들이 되게 하시옵소서. 예수님의 이름으로 기도드립니다. 아멘.

추모생신일 예배 | 불신자의 가정 6

평강과 감사의 사람

‖ 묵상기도의 말씀 ‖
"이 모든 것 위에 사랑을 더하라 이는 온전하게 매는 띠니라 그리스도의 평강이 너희 마음을 주장하게 하라 너희는 평강을 위하여 한 몸으로 부르심을 받았나니 너희는 또한 감사하는 자가 되라"(골 3:14-15).

• 찬송가_24장, 428장
• 성경 본문_골로새서 3:12-17

말씀의 요약

자녀들에게 좋은 부모의 자리를 지키셨던 고 ○○○ 님을 추억하며, 하나님께 예배할 때, 우리에게 주시는 복된 말씀을 나누겠습니다. 오늘, 우리를 위로하시는 말씀은 하나님의 평강을 누림입니다.

1. 버리고 새로 입는 은혜

본문에서 12절을 보니, 성도의 삶에서 나타나야 하는 선한 행실에 대하여 옷을 입으라고 하였습니다. 하나님의 사람은 죄로 죽었던 행실을 벗고, 새 것을 입어야 합니다. 버릴 것은 버리고, 취할 것을 취합니다. 여기에서 새 옷을 입음은 새로운 성품을 가지는 것입니다. 곧 긍휼, 자비, 겸손, 온유, 오래 참음, 용서와 사랑의 띠입니다.

2. 그리스도를 모심

하늘에 속한 성도의 성품은 옛사람의 성질과 완전히 다른 새로운 성품입니다. 그것은 예수님께서 가지셨던 성품입니다. 이 성품으로 옷을 입으면 예수님을 본받아 용서하는 마음을 가지게 됩니다. 그리하여 그리스도의 평강이 넘치지 않을 수 없습니다. 그러므로 우리가 이러한 성품을 가지려면 그리스도를 내 마음에 모셔야 합니다.

3. 삶의 새로운 목표

새사람은 다른 사람을 섬기고 하나님께 영광을 돌리는 삶을 사는 사람입니다. 우리는 서로를 향해서 지혜로 피차 가르치고 권면하라는 명령을 받고 있습니다. 이를 위해서 자신의 마음속에 그리스도의 말씀이 풍성히 거하도록 해야 합니다. 가진 것만큼 줄 수 있습니다. 자기 속에 말씀이 풍성히 거하면 다른 사람을 잘 가르치게 됩니다.

우리가 이웃을 사랑할 때, 자신이 제일 먼저 누리는 것은 마음이 즐거운 것입니다. 남을 사랑하면 나의 마음이 평안으로 가득 찹니다.
그리고 이웃과 더불어 살아야겠다는 삶의 목표를 갖게 됩니다.

기도문

> 소원을 이루시는 여호와여, 고 ○○○ 님을 추억하는 가족들을 축복합니다. 귀한 후손들이 살아갈 때, 새 소망을 주시옵소서. 이 가정을 하나님의 동산으로 삼아주시고, 감사와 평안이 넘쳐나게 하시옵소서. 예수님의 이름으로 기도드립니다. 아멘.

추모생신일 예배 | 불신자의 가정 7

하나님의 뜻대로 받는 고난

‖ **묵상기도의 말씀** ‖
"너희 중에 누구든지 살인이나 도둑질이나 악행이나 남의 일을 간섭하는 자로 고난을 받지 말려니와 만일 그리스도인으로 고난을 받으면 부끄러워하지 말고 도리어 그 이름으로 하나님께 영광을 돌리라" (벧전 4:15-16).

- 찬송가_80장, 336장
- 성경 본문_베드로전서 4:12-19

말씀의 요약

고 ○○○ 님의 자녀와 손자들, 일가친지들이 한 자리에 모여 고인을 회상하고, 여호와께 감사드릴 때, 은혜의 말씀을 나누겠습니다. 오늘, 우리를 위로하시는 은혜는 고난을 이기는 믿음의 삶입니다.

1. 그리스도와 고난

성도는 예수님을 믿는 것 때문에, 또는 주님 안에서 살려 하다가 고난을 받게 됩니다. 이때, 고난에 대하여 성도는 긍정적으로 반응해야 합니다. 본문 13절에, "오히려 너희가 그리스도의 고난에 참여하는 것으로 즐거워하라"라고 하였습니다. 지금, 당하는 고난으로 인해서 예수님께서 오시는 날에, 즐거워하고 기쁘게 하려 하십니다.

2. 그리스도의 이름으로 받는 욕

성도는 이 세상에서 주님의 이름 때문에 어려움을 겪을 수 있습니다. 때때로 불신자들과 적그리스도는 성도를 괴롭히기도 합니다. 그 고난에 대하여 본문 14절에서 기쁨을 약속해 주셨습니다. "너희가 그리스도의 이름으로 치욕을 당하면 복 있는 자로다 영광의 영 곧 하나님의 영이 너희 위에 계심이라." 성령님께서 함께 해 주십니다.

3. 십자가의 삶

어떤 의미에서 주님을 따르는 것은 십자가로 가까이 가는 것입니다. 주님께서 십자가를 지시고 우리의 죄를 대신하여 죽으셨기 때문에 그를 섬기는 자들도 자기에게 당한 십자가를 지고 주님을 섬겨야 합니다. 본문 19절에서 우리를 가리켜 "하나님의 뜻대로 고난을 받는 자들"이라고 하였습니다. 우리는 고난을 두려워하지 말아야 합니다.

이 땅에서 주 예수님의 삶은 고난의 시간이었지만, 주님의 고난은 하나님께 영광이 되었습니다. 하나님의 뜻을 이루어가는 주님의 고난이 우리의 것이 되어 십자가를 지는 은혜를 누리시기 바랍니다.

기도문

> 위로해 주시는 하나님, 고 ○○○ 님의 자손들이 하나님을 경외하며 한 몸이 되게 하셨음에 감사하고, 축복합니다. 여호와 앞에서 이 가정의 모든 지체들이 소망으로 살게 하시고, 하나님의 이름으로 고난을 이기게 하시옵소서. 예수님의 이름으로 기도드립니다. 아멘.

추모소천일 예배 **신자의 가정 1**

쓴물을 주시는 여호와

‖ 묵상기도의 말씀 ‖
"모세가 여호와께 부르짖었더니 여호와께서 그에게 한 나무를 가리키시니 그가 물에 던지니 물이 달게 되었더라 거기서 여호와께서 그들을 위하여 법도와 율례를 정하시고 그들을 시험하실새"(출 15:25).

- 찬송가_16장, 337장
- 성경 본문_출애굽기 15:22-27

말씀의 요약

오늘, 고 ○○○ 님을 추모하여 하나님께 예배하게 하셨음에 감사드리며, 우리에게 주신 하나님의 말씀을 나누겠습니다. 오늘, 우리를 위로하시는 은혜는, 여호와는 쓴물을 단물로 바꾸어 주시는 즐거움의 하나님이시라는 것입니다.

1. 쓴물을 마시다

하나님의 은혜로 홍해를 건너서 약속의 가나안 땅으로 가던 이스라엘 백성들은 한 곳에서 물을 마시게 되었습니다. 마라라는 곳에서 물을 발견하게 된 이스라엘 백성은 처음에는 매우 기뻐하였습니다. 그런데 그 물은 무척 써서 마실 수 없었습니다. 그들은 모세에게 원망하고 하나님께 불평하였습니다.

2. 생각과는 반대로

이스라엘 백성들은 물을 마시고자 하였습니다. 그들은 사막의 뙤약볕에서 단물을 그리워하였습니다. 그런데 하나님의 인도는 그들에게 쓴물을 보게 하신 것입니다. 이는 쓴물을 단물로 고치시는 하나님의 능력을 보여주시려 함이었습니다. 하나님은 인생의 실패, 아픔, 고민, 삶의 고통을 기쁨으로 만드시며, 치유하시고 고치십니다.

3. 인생의 훈련

하나님께서는 우리에게도 '마라'를 주십니다. 그 이유는 승리하는 삶을 살 때 교만과 자만을 경계하게 하시기 위함입니다. "교만은 패망의 선봉이요 거만한 마음은 넘어짐의 앞잡이"(잠 16:18)라고 하였습니다. 출애굽하여 홍해를 건너 인생의 승리를 만끽하고 있던 이스라엘 백성으로 겸손하게 하시기 위해서 마라의 쓴물을 주신 것입니다.

살아가면서 우리는 여러 형태로 쓴물을 만납니다. 자신의 생각과는 달리 쓴물을 마시고, 좌절하게 됩니다. 그러나 쓴물은 하나님께서 우리를 훈련시키는 학교이니 이 은혜를 복된 기회로 삼아야 합니다.

기도문

사랑의 주 하나님, 고 ○○○ 님을 추모하는 지금, 사랑하는 가족들에게 구원의 은총을 베푸시고, 각자의 이름들이 어린양의 생명책에 기록되었음에 감사드립니다. 매일 매일의 삶에서 쓴물이 단물로 바뀌는 은혜를 주시옵소서. 예수님의 이름으로 기도드립니다. 아멘.

추모소천일 예배 | 신자의 가정 2

죄인을 멀리하는 은혜

∥ 묵상기도의 말씀 ∥
"왕이 좌우의 호위병에게 이르되 돌아가서 여호와의 제사장들을 죽이라 그들도 다윗과 합력하였고 또 그들이 다윗이 도망한 것을 알고도 내게 알리지 아니하였음이니라 하나 왕의 신하들이 손을 들어 여호와의 제사장들 죽이기를 싫어한지라"(삼상 22:17).

- 찬송가_35장, 421장
- 성경 본문_사무엘상 22:9-19

말씀의 요약

하나님의 품에 안겨 계시는 고 ○○○ 님을 추모하면서, 예배하게 하신 여호와께 영광을 드리고, 우리에게 주신 하나님의 말씀을 나누겠습니다. 오늘, 우리를 위로하시는 은혜는 죄를 멀리하는 삶입니다.

1. 형식적인 예배자를 멀리하라

도엑은 다윗이 아히멜렉에게서 진설병과 골리앗의 칼을 얻을 때, 성소에서 예배 중이었습니다. 그는 예배보다는 다윗과 아히멜렉의 대화와 행동에 더 관심을 두었습니다. 입술로는 하나님을 부르지만 마음은 멀고, 하나님의 계명보다 사람에게 더 마음을 둔 것입니다. 경건의 모양은 있으나 경건의 능력이 없는 자를 멀리해야 합니다.

2. 기회주의자를 멀리하라

도엑은 다윗과 아히멜렉이 만났던 장소에서는 침묵하였고, 사태의 추이를 관망하였습니다. 이는 자신에게 유리한 때를 노린 행동이었습니다. 마침내 사울이 신하들을 모아 분노를 폭발시킬 때, 입을 열어 자신이 본 것을 고자질하였습니다. 말하자면 손익계산을 끝낸 후 적시에 나서는 전형적인 기회주의자였는데, 멀리해야 할 사람입니다.

3. 하나님을 두려워하지 않는 자를 멀리하라

사울이 제사장들을 죽이라는 명령을 내렸을 때, 왕의 신하들은 거절하였습니다. 그러나 도엑은 여호와의 제사장들을 죽였습니다. 그는 하나님을 두려워하지 않고, 기름부음을 받아 거룩하게 구별된 사람들을 죽였습니다. 여호와의 제사장들을 죽이는 것은 곧 하나님을 모독하는 것이며, 하나님을 대항하는 것이니 멀리해야 할 사람입니다.

성도에게는 삶의 구별이 있어야 합니다. 멀리할 것은 멀리하고, 가까이할 것은 가까이해야 복된 인생이 됩니다. 하나님의 거룩하심이 이 가정에 가득 차서 여호와께 영광이 되시기를 축복합니다.

기도문

하나님 여호와여, 고 ○○○ 님의 자손들에게 죄를 멀리하고, 죄인들과 가까이하지 않게 하셨음에 감사드립니다. 하나님의 기쁨이 되는 복된 지체들이 하늘의 소망을 주신 주님을 찬양하는 노래의 샘이 되게 하시옵소서. 예수님의 이름으로 기도드립니다. 아멘.

추모소천일 예배 | 신자의 가정 3

하나님의 사람을 대접하라

‖ **묵상기도의 말씀** ‖
"엘리사가 이르되 한 해가 지나 이때쯤에 네가 아들을 안으리라 하니 여인이 이르되 아니로소이다 내 주 하나님의 사람이여 당신의 계집종을 속이지 마옵소서 하니라"(왕하 4:16).

- 찬송가_67장, 212장
- 성경 본문_열왕기하 4:8-17

말씀의 요약

지금은 믿음의 행전을 다 쓰시고, 하늘에 계시는 고 ○○○ 님으로 인하여 하나님의 이름을 송축하며, 우리에게 주신 하나님의 말씀을 나누겠습니다. 오늘, 우리를 위로하시는 은혜는 하나님의 사람들을 대접하는 경건한 삶에 대한 말씀입니다.

1. 한 여인의 집에 들어간 엘리사

본문 8절에, "한 귀한 여인이 그를 간권하여 음식을 먹게 하였으므로 엘리사가 그 곳을 지날 때마다 음식을 먹으러 그리로 들어갔더라"라고 하였습니다. 수넴에 살고 있는 이 여인은 하나님의 사람을 대접하였습니다. 엘리사는 그녀의 집에 들어가 접대를 받았고, 그녀는 엘리사를 하나님의 거룩한 종으로 인정하고, 그를 섬긴 것입니다.

2. 방을 마련해 준 부부의 공궤

본문 10절에, "청하건대 우리가 그를 위하여 작은 방을 담 위에 만들고 침상과 책상과 의자와 촛대를 두사이다 그가 우리에게 이르면 거기에 머물리이다 하였더라"라고 하였습니다. 엘리사가 사람들의 접대를 통해서 사는 것이 하나님의 뜻이었습니다. 하나님께 구별된 종들은 오직 성도들로부터 정성스런 대접을 받아야 합니다.

3. 엘리사의 축복

엘리사는 그녀의 접대가 하나님께 드리는 것임을 알고, 그녀를 축복해 주었습니다. 엘리사는 그녀가 아이가 없어 서운해 함을 알고서, "한 해가 지나 이때쯤에 네가 아들을 안으리라"라며 축복하였습니다. 그의 축복에 따라 이듬해에 수넴의 여인은 아들을 낳았습니다. 하나님의 종은 성도에게 여호와의 복이 임하는 통로로 쓰여 집니다.

하나님의 특별하신 구별을 받은 사람은 하나님의 보호로 살아갑니다. 우리에게는 이 사람들을 대접하고, 섬겨야 하는 의무가 있습니다. 우리가 이들을 대접함은 하나님께 향기로운 제물이 된다고 하십니다.

기도문

> 복의 근원이 되시는 하나님, 고 ○○○ 님을 추모하는 시간을 예배로 영광을 드리는 가족들에게 하늘의 복을 내려 주시옵소서. 하나님을 인정하는 지체들에게 하늘로부터 존귀케 해주시는 은혜를 보게 하시옵소서. 예수님의 이름으로 기도드립니다. 아멘.

추모소천일 예배 | 신자의 가정 4

금 신상에 절하지 말라

‖ **묵상기도의 말씀** ‖
"왕의 명령이 엄하고 풀무불이 심히 뜨거우므로 불꽃이 사드락과 메삭과 아벳느고를 붙든 사람을 태워 죽였고 이 세 사람 사드락과 메삭과 아벳느고는 결박된 채 맹렬히 타는 풀무불 가운데에 떨어졌더라"(단 3:22-23).

- 찬송가_71장, 449장
- 성경 본문_다니엘 3:13-18

말씀의 요약

고 ○○○ 님께서 영원한 집에 계심을 즐거워하여 하나님께 예배하는 이 시간에, 우리에게 주신 하나님의 말씀을 나누겠습니다. 오늘, 우리를 위로하시는 은혜는 하나님의 구원을 소망함의 말씀입니다.

1. 느부갓네살의 금 신상

어리석은 느부갓네살 왕은 자신의 금 신상을 만들었습니다. 금 신상이 완성되자, 그는 낙성식을 하면서 바벨론에 사는 자들은 절을 하도록 하였습니다. 모든 이들이 절을 하는데, 사드락과 메삭과 아벳느고는 왕의 금 신상에 절하지 않았습니다. 그들은 바벨론의 지방을 다스리는 관리들이었음에도 왕의 신들을 섬기지도 않았던 것입니다.

2. 절하기를 거절함

사드락과 메삭과 아벳느고가 금 신상에 절을 하지 않은 것을 바벨론의 어떤 사람이 느부갓네살에게 고자질하였습니다. 왕은 그들을 붙잡아다가, 이제라도 좋으니 금 신상에 절을 하라고 하였습니다. 사실, 바벨론의 관리로 있으면서 왕의 명령을 어긴 것은 왕을 무시하는 것으로도 비칠 수 있습니다. 그들은 죽음이 와도 거절하였습니다.

3. 하나님의 구원하심을 믿음

본문 17절을 봅시다. "왕이여 우리가 섬기는 하나님이 계시다면 우리를 맹렬히 타는 풀무불 가운데에서 능히 건져내시겠고 왕의 손에서도 건져내시리이다." 그들의 하나님을 향한 신앙을 보여주는 고백입니다. 사드락과 메삭과 아벳느고는 바벨론에 끌려오면서부터 하나님께서 그들을 건져내실 것을 믿었습니다.

믿음의 사람들에게는 하나님께서 미워하시는 일을 절대 할 수 없다는 결단이 있습니다. 그들은 순간의 영화를 위해서 영원한 삶을 포기하지 않았습니다. 신앙을 배반하지 않고 사시기를 축복합니다.

기도문

생명의 주 여호와여, 때가 저물면 날이 어두워질 것을 잊지 않고, 열심을 다해 사시는 ○○○ 님께 은혜를 더하시옵소서. 여호와 앞에서 고 ○○○ 님을 추모하는 이 가정의 식구들이 복의 공동체가 되게 하시옵소서. 예수님의 이름으로 기도드립니다. 아멘.

추모소천일 예배 | 신자의 가정 5

네 손을 내밀라

‖ **묵상기도의 말씀** ‖
"그들의 마음이 완악함을 탄식하사 노하심으로 그들을 둘러 보시고 그 사람에게 이르시되 네 손을 내밀라 하시니 내밀매 그 손이 회복되었더라"(막 3:5)

- 찬송가_93장, 218장
- 성경 본문_마가복음 3:1-6

말씀의 요약

고 ○○○ 님을 아버지의 품으로 받아주셔서, 영원한 안식을 누리게 하신 하나님께 감사하여 예배하는 지금, 우리에게 주신 생명의 말씀을 나누겠습니다. 오늘, 우리를 위로하시는 은혜는 게으르지 않고, 성실하게 사는 삶의 말씀입니다.

1. 근로의 손을 내밀라

사람은 일을 해야 합니다. 엿새 동안에 땀을 흘려 일하고, 안식일을 지키도록 하셨습니다. 공생애 이전의 주님께서는 목수의 아들로 일을 하셨습니다. 바울의 손은 장막을 깁는 손이었습니다. 그는 스스로 노동하면서 자신의 생활비와 선교비와 구제비를 벌었습니다. 성경은 여러 곳에서 우리가 게으르지 말아야 함을 강조합니다.

2. 협력의 손을 내밀라

예수님께서는 하나님의 일을 이루는 것으로 공생애를 보내셨습니다. 주님께서는 하나님께 협력해서 병든 자들을 고치시고, 구원을 베푸셨습니다. 우리는 협력의 손을 내밀어야 합니다. 가령, 남편은 아내에게, 아내는 남편에게 협력해야 합니다. 부모들은 자녀에게, 자녀들도 부모에게 협력할 때, 하나님의 은혜와 평강이 넘쳐 납니다.

3. 기도의 손을 내밀라

다윗은 기도로 살아간 임금이었습니다. "내가 주의 지성소를 향하여 나의 손을 들고 주께 부르짖을 때에 나의 간구하는 소리를 들으소서"(시 28:2). 기도의 손을 펴면 구원의 노래가 들립니다. 모세는 홍해를 통과할 때 손을 높이 들어 폈고, 아말렉 전투에서 적을 이길 수 있게 하기 위해 손을 높이 들어 폈습니다.

우리가 이 땅에서 사는 삶은 신실해야 합니다. 하나님은 신실하십니다. 우리는 하나님의 자녀가 되었으니, 여호와 앞에서 신실하게 살기를 소망해야 합니다. 성실한 삶으로 복되시기를 축복합니다.

기도문

좋으신 우리 하나님, 이 가정에 고 ○○○ 님을 추모해 예배하게 하시니 감사드립니다. 우리 주님께 구별된 지체들을 축복합니다. 산 넘어 눈보라 세차게 불어도 오직 하나님을 향한 사랑으로 이겨내는 가족들이 되게 하시옵소서. 예수님의 이름으로 기도드립니다. 아멘.

추모소천일 예배 **신자의 가정 6**

땅에 있는 지체를 죽이라

‖ **묵상기도의 말씀** ‖
"너희가 서로 거짓말을 하지 말라 옛 사람과 그 행위를 벗어 버리고 새 사람을 입었으니 이는 자기를 창조하신 이의 형상을 따라 지식에까지 새롭게 하심을 입은 자니라" (골 3:9-10)

- 찬송가_29장, 422장
- 성경 본문_골로새서 3:5-11

말씀의 요약

우리에게 믿음의 삶에 대한 교훈을 보이시고, 지금은 천국에 계시는 고 ○○○ 님을 추모하면서, 하나님께 영광을 드리는 이 시간에, 우리에게 주신 생명의 말씀을 나누겠습니다. 오늘, 우리를 위로하시는 은혜는 하늘에 속한 사람으로 살라는 말씀입니다.

1. 구원을 이룸

사람이 거듭나는 것은 단번에 완성되는 단회적인 은혜입니다. 옛사람이 새사람으로 바뀌어 지는 과정은 신비로운 사건입니다. 그러나 그것으로 구원이 완성되는 것은 아니고 성화를 이루어야 합니다. 성화를 이루려면 땅에 있는 지체를 죽이고 벗어 버려야 합니다. 이는 믿기 전에 행하던 나쁜 습관들을 거절하고, 버리는 것을 가리킵니다.

2. 죽여야 하는 땅의 것들

우리가 죽여야 할 부패한 소욕으로는 음란, 부정, 사욕, 악한 정욕, 탐심 등이 있습니다. 여기에서 특히 음란을 우선적으로 죽여야 합니다. 음란은 마귀가 으뜸으로 사용하는 수단 중의 하나입니다. 이어서 탐심을 죽여야 합니다. 탐심은 우상 숭배라고 했는데, 탐심을 버리지 못하면 우리는 금송아지를 만드는 죄를 짓게 됩니다.

3. 새사람으로 살라

우리가 이러한 것들을 죽이지 아니하고 몰래 행하면 하나님의 진노가 반드시 임한다고 했습니다. 우리가 이와 같이 땅의 지체를 죽이고, 또 믿기 전의 행위를 벗어 버리는 것은 새사람을 입었기 때문입니다. 새사람이란 잃어버린 하나님의 형상을 회복한 사람인데, 특별히 그는 지식에까지 예수님으로 말미암아 새롭게 되는 것입니다.

지금, 말씀을 증거하면서, 고 ○○○ 님께서 바로 제 곁에 계시는 듯합니다. 고 ○○○ 님께서는 정말로 하늘의 사람으로 사셨습니다. 자손들도 땅에 있는 지체를 죽이고 사시기 바랍니다.

기도문

기도를 들으시는 여호와여, 고 ○○○ 님께서 보좌 앞의 하나님의 품에 계심을 즐거워합니다. 여기에, 그의 후손들이 천국에서 만나 볼 것을 기다리며 살고 있으니, 하나님의 형상에 만족함을 드리는 삶이 되게 하시옵소서. 예수님의 이름으로 기도드립니다. 아멘.

추모소천일 예배 | 신자의 가정 7

헌신과 사랑의 희생

‖ **묵상기도의 말씀** ‖
"오 형제여 나로 주 안에서 너로 말미암아 기쁨을 얻게 하고 내 마음이 그리스도 안에서 평안하게 하라 나는 네가 순종할 것을 확신하므로 네게 썼노니 네가 내가 말한 것보다 더 행할 줄을 아노라"(몬 1:20-21)

• 찬송가_74장, 216장
• 성경 본문_빌레몬서 1:18-22

말씀의 요약

지금은 신앙의 본이 되신 고 ○○○ 님을 기억하면서, 그분과의 삶을 나누게 하신 여호와의 이름을 높여드립니다. 오늘, 우리를 위로하시는 은혜는 주 안에서 이웃을 형제로 받으라는 말씀입니다.

1. 영혼을 위한 대가

바울은 오네시모를 그의 주인 빌레몬에게 돌려보내면서 간곡한 부탁을 하였습니다. "그가 만일 네게 불의를 하였거나 네게 빚진 것이 있으면 그것을 내 앞으로 계산하라"(18절). 그는 오네시모가 빌레몬에게 물질적으로 손해를 끼쳤으면 자신이 갚겠다고 했습니다. 한 영혼의 구원을 위해 마음과 시간과 물질까지 아낌없이 쓰려 합니다.

2. 예수님의 희생

하나님은 죄인들을 구원하시기 위해 그 아들 예수 그리스도를 구주로 보내 주시고, 예수님은 우리의 죄를 대속하시기 위해 십자가에서 보배로운 피를 흘려주셨습니다. 우리는 이러한 하나님의 은혜로 값없이 구원을 받았지만, 하나님께서 우리를 구원하시기 위해 치른 값은 너무나 귀하고 보배로운 것입니다.

3. 끝까지 쏟는 사랑

바울은 빌레몬에게 "네가 나의 말보다 더 행할 줄을 안다"고 했습니다. 이는 오네시모를 노예의 신분에서 자유인의 신분으로 바꾸어 줄 것을 기대하는 말입니다. 이와 같이 바울은 한 개인의 구원을 위해 끝까지 돌보는 사랑을 나타내었습니다. 우리도 복음을 전한 사람이 주 안에서 성장하도록 끝까지 돌보아 주어야 합니다.

오네시모를 변하게 하신 분은 누구입니까? 주님이십니다. 그 주님의 감동으로 바울은 그를 빌레몬에게 부탁하여 형제로 받으라고 하였습니다. 우리도 교회 안에서 이웃을 형제로 받아야 할 것입니다.

기도문

> 하늘에 계신 하나님, 고 ○○○ 님을 천국으로 먼저 보내드리고, 그의 자손들이 주님의 세계에서 살게 하셨음에 감사드립니다. 귀한 믿음의 후손들이 주님을 모시고 사는 가정에 영원한 영광을 누리게 하시옵소서. 예수님의 이름으로 기도드립니다. 아멘.

추모소천일 예배 | **불신자의 가정 1**

이스라엘아 들으라

‖ **묵상기도의 말씀** ‖
"이스라엘아 듣고 삼가 그것을 행하라 그리하면 네가 복을 받고 네 조상들의 하나님 여호와께서 네게 허락하심 같이 젖과 꿀이 흐르는 땅에서 네가 크게 번성하리라"(신 6:3).

- 찬송가_26장, 431장
- 성경 본문_신명기 6:4-9

말씀의 요약

우리 다같이 ○○○ 님의 어르신이신 고 ○○○ 님을 추모하면서, 하나님께서 이 가정에 복을 주시기로 예비하시고 주신 말씀을 나누도록 하겠습니다. 오늘, 우리를 위로하시는 은혜는 하나님의 말씀을 가까이 하는 삶의 복에 대한 말씀입니다.

1. 들으라

본문 4절을 함께 읽읍시다. "이스라엘아 들으라 우리 하나님 여호와는 오직 유일한 여호와이시니." 하나님께서는 그의 백성들이 여호와의 말씀을 듣기 원하셨습니다. 그들이 하나님의 말씀에 귀를 기울인 만큼 그들의 생각과 행동은 하나님의 사람이 될 것입니다. 하나님의 말씀을 듣고 그 말씀을 삶의 표준으로 삼아야 하였습니다.

2. 사랑하라

본문 5절을 함께 읽읍시다. "너는 마음을 다하고 뜻을 다하고 힘을 다하여 네 하나님 여호와를 사랑하라." 이스라엘 백성들은 하나님을 사랑해야 합니다. 이것이 천국 백성의 대강령입니다. 예수님께서도 하나님을 사랑하는 것이 가장 큰 계명이라고 말씀하셨습니다. 우리 존재의 전 인격과 삶 전체로 하나님을 사랑해야 합니다.

3. 가르치라

본문 7절을 함께 읽읍시다. "네 자녀에게 부지런히 가르치며 집에 앉았을 때에든지 길을 갈 때에든지 누워 있을 때에든지 일어날 때에든지 이 말씀을 강론할 것이며." 이스라엘의 부모들에게는 자녀들에게 하나님의 말씀을 가르쳐야 합니다. 말씀을 가르쳐야 자녀들이 하나님을 경외하게 됩니다. 자녀에게 하나님을 가르칩시다.

성도는 하나님의 말씀으로 삽니다. 이 말씀은 영혼의 양식이 되며, 거룩하게 살도록 하는 힘이 되고, 마귀를 대적하게 합니다. 이 말씀으로 날마다 풍성함과 번영의 은혜가 있으시기를 소망합니다.

기도문

> 전지전능하신 하나님, 예배하는 이 시간에, 이 가족들의 믿음이 꽃들처럼 피어나기를 축복합니다. 고 ○○○ 님을 추모하면서 위로부터 내리는 은혜로 말미암아 더욱 하나님의 말씀을 가까이 하기를 결단하는 식구들이 되게 하시옵소서. 예수님의 이름으로 기도드립니다. 아멘.

추모소천일 예배 **불신자의 가정 2**

성소에서의 기도

‖ **묵상기도의 말씀** ‖
"주는 계신 곳 하늘에서 들으시고 이방인이 주께 부르짖는 대로 이루사 땅의 만민이 주의 이름을 알고 주의 백성 이스라엘처럼 경외하게 하시오며 또 내가 건축한 이 성전을 주의 이름으로 일컫는 줄을 알게 하옵소서"(왕상 8:43).

- 찬송가_88장, 363장
- 성경 본문_열왕기상 8:39-45

말씀의 요약

이 시간에, 고 ○○○ 님을 추모하면서 여호와의 은혜에 감사드리고, 이 가정에 주신 말씀을 나누도록 하겠습니다. 오늘, 우리를 위로하시는 은혜는 교회를 중심으로 살아 복을 받게 하는 말씀입니다.

1. 하나님을 대면하는 곳

성전은 하나님의 영광이 가득한 자리입니다. 하나님은 이 땅에 안 계신 곳이 없으시지만 성소에서 그의 백성들을 만나주십니다. 크고 광대하신 하나님께서 성전에 계시고 성전에 그 이름을 두시겠다고 말씀하셨습니다. 하나님께서 성소를 지으셨듯이 교회는 죄로 죽었던 우리를 위해서 예수님께서 십자가에 죽으심으로 세워졌습니다.

2. 기도를 드리는 곳

솔로몬 왕은 성전에서 하늘의 하나님께 기도하였습니다. 그리고 누구든지 성소를 향해서 손을 펴고 무슨 기도나 무슨 간구를 하거든 응답해 달라고 빌었습니다. 하나님의 성전에서 손을 펴고, 손을 들고, 성전을 향하여 부르짖는 기도는 하나님이 들어주십니다. 교회는 하나님의 집으로 하나님께서 응답하시는 은혜를 받는 곳입니다.

3. 복을 주시는 은혜

솔로몬 왕은 하나님의 은혜에 대하여 고백하였습니다. 하나님은 가뭄이 들어서 메마를 때에는 비를 주십니다. 하나님은 기근 중에도 재앙 중에도 살게 하십니다. 나아가 전쟁 중에도 이기게 하시고, 포로로 잡혀 갔을지라도 다시 풀어 주십니다. 만일 우리가 기근, 재앙, 질병에 걸린 고통 중에서 기도하면 하나님은 응답해 주실 것입니다.

하나님은 그의 자녀들에게 복을 주시는 아버지이십니다. 우리는 그 복을 받기 위해서 교회를 가까이 하고, 교회에서 기도해야 합니다. 인생 최고의 복은 나의 삶이 하나님의 받으심이 되는 것입니다.

기도문

> 복의 문을 여시는 여호와여, ○○○ 님의 가정을 축복합니다. 고 ○○○ 님의 사랑과 헌신으로 이 가정이 이만큼 복되었으니, 여호와를 향하여 마음을 열고, 그 은혜의 동산에서 아이처럼 뛰어노는 가족들이 되게 하시옵소서. 예수님의 이름으로 기도드립니다. 아멘.

추모소천일 예배 | **불신자의 가정 3**

시온에서 주를 기다리는 찬송

‖ **묵상기도의 말씀** ‖
"주께서 택하시고 가까이 오게 하사 주의 뜰에 살게 하신 사람은 복이 있나이다 우리가 주의 집 곧 주의 성전의 아름다움으로 만족하리이다"(시 65:4).

• 찬송가_64장, 479장
• 성경 본문_시편 65:1-5

말씀의 요약

우리 함께 고 ○○○ 님을 추모하는 자리가 하나님께 영광이 되기를 소망하며, 고인의 자손들과 우리 모두에게 주시는 하나님의 말씀을 듣겠습니다. 오늘, 우리를 위로하시는 은혜는 하나님의 품에서 사는 삶입니다.

1. 찬송의 은혜

다윗의 하나님은 그에게 찬송을 주시는 하나님이셨습니다. 그는 자기를 향하신 하나님의 사랑과 은혜를 찬송으로 고백하였습니다. 하나님의 은혜는 그에게 찬송으로 살도록 하였고, 하나님의 영광을 노래하게 하셨습니다. 특히 음악을 좋아하고 악기를 잘 타는 그로서는 찬송을 통해서 곡조가 있는 기도를 드리기도 하였습니다.

2. 기도의 은혜

성경을 보면 다윗만큼 기도로 살아간 사람을 볼 수 없습니다. 하나님의 은혜는 그에게 기도하도록 하셨습니다. 그래서 그에게 하나님은 "기도를 들으시는 주"였습니다, 어떤 사람이 기도를 가까이 합니까? 기도가 응답되는 은혜를 체험한 사람입니다. 두드릴 때 열어주시는 하나님, 구할 때 응답해 주시는 하나님이십니다.

3. 사유하심의 은혜

본문 3절을 보니, "죄악이 나를 이겼사오니 우리의 허물을 주께서 사하시리이다"라고 다윗은 고백하였습니다. 하나님께서 허물을 사하심은 사람의 허물을 덮어두신다는 의미입니다. 또한 어떤 것으로 덧칠해 둔다는 의미도 됩니다. 하나님께서는 다윗의 죄를 드러내시기보다 덮어주셨습니다. 우리의 죄도 덮어주십니다.

다윗에게 찬송을 주셨던 은총으로 이 가정의 지체들에게도 찬송이 있기 원합니다. 우리에게 임한 하늘의 은혜는 고스란히 찬송의 주제가 되는 것입니다. 어떤 은혜를 묵상하든지 찬송하시기 바랍니다.

기도문

> 만족하게 하시는 하나님, 주 예수님의 사랑으로 한 몸을 이룬 가족들에게 시온에서 주를 찬양하는 은혜를 주시옵소서. 부모는 삶의 일터에서, 자녀들은 공부하는 자리에서 하나님의 은혜를 묵상하게 하시옵소서. 예수님의 이름으로 기도드립니다. 아멘.

추모소천일 예배 불신자의 가정 4

속량하시는 하나님의 은혜

‖ **묵상기도의 말씀** ‖
"딸 시온이여 해산하는 여인처럼 힘들여 낳을지어다 이제 네가 성읍에서 나가서 들에 거주하며 또 바벨론까지 이르러 거기서 구원을 얻으리니 여호와께서 거기서 너를 네 원수들의 손에서 속량하여 내시리라"(미 4:10).

- 찬송가_16장, 292장
- 성경 본문_미가 4:8-13

말씀의 요약

나그네의 삶을 아름답게 사셨던 고 ○○○ 님을 추모하는 가족들이 여호와께 합당한 영광을 드리는 지금, 우리를 위로하시는 은혜는 죄에서 속량해 주신 은총에 감사하라는 말씀입니다.

1. 민족적인 죄악

하나님의 선민이 망하게 된 것은 그들이 민족적으로 죄를 지었기 때문입니다. 이스라엘의 두 왕국에서는 왕으로부터 모든 백성들에게 이르기까지 우상 숭배하는 죄가 넘쳐나고 있었습니다. 하나님께서는 그들의 죄에 대하여 선지자들을 보내 깨닫게 하셨습니다. 그러나 그들은 선지자들을 죽이고, 죄를 버리라는 하나님을 거절하였습니다.

2. 죄로 말미암은 고통

이에, 하나님께서는 그들을 잠시 동안이라도 쳐서 죄에서 돌이키기를 원하셨습니다. 그리하여 이방의 나라들을 그들에게 내리는 인생 막대기로 사용하셨습니다. 본문 12절에서, "여호와께서 곡식 단을 타작마당에 모음 같이 그들을 모으셨나니"라고 하였습니다. 그들의 침략으로 유다는 망하였고, 예루살렘의 영광은 무너졌습니다.

3. 하나님의 소망

그러나 그것으로 이스라엘 백성들의 끝은 아닙니다. 그들이 바벨론에서 자기들의 죄를 깨닫고, 여호와께로 돌아오면 다시 일으켜 주실 것을 약속하셨습니다. 그들이 죄로 말미암아 받는 징벌을 통해서 하나님의 위로를 받을 때가 오겠다는 말씀입니다. 그래서 거기서 선민을 그들의 원수들의 손에서 속량하여 내신다고 약속하셨습니다.

전에 죄인으로 있을 때, 우리의 신분은 죽고, 멸망에 이르는 자였습니다. 죄는 하나님의 진노를 가져옵니다. 그러나 하나님께서 우리를 구원해 주셨으니 하늘에 소망을 두고 사시기를 축복합니다.

기도문

> 존귀하게 하시는 여호와여, 구속해 주시는 주님의 은혜로 거듭나, 여호와의 친 백성이 된 이 가정의 식구들을 축복합니다. 이 시간에도 고 ○○○ 님을 추모하면서 오직 구원의 은총에 감사하는 자손들에게 소망을 주시옵소서. 예수님의 이름으로 기도드립니다. 아멘.

추모소천일 예배 | **불신자의 가정 5**

유익하게 하는 고난

‖ **묵상기도의 말씀** ‖
"또 미리 정하신 그들을 또한 부르시고 부르신 그들을 또한 의롭다 하시고 의롭다 하신 그들을 또한 영화롭게 하셨느니라" (롬 8:30).

- 찬송가_23장, 338장
- 성경 본문_로마서 8:26-30

말씀의 요약

고 ○○○ 님을 추억하는 이 시간에 후손들이 고인의 유업을 따르기로 다짐하며, 하나님께 예배할 때, 우리에게 주시는 영생의 말씀을 나누겠습니다. 오늘, 우리를 위로하시는 은혜는 주 안에서 당하게 되는 고난을 통해 우리가 더욱 성숙함에 이른다는 말씀입니다.

1. 복음으로 살라
바울은 성도들에게 복음에 합당한 생활을 하도록 권면하였습니다. 복음이 없는 생활, 생활이 없는 복음은 바람직하지 않습니다. 복음에 합당한 생활을 통하여 복음을 위하여 협력하는 것이며, 또한 박해자들을 두려워하지 않고 하나님을 믿음으로 담대히 전진해야 합니다.

2. 잠시의 고난
박해자들은 잠시 교회와 성도들 그리고 전도자들을 박해할 수 있으나 그들의 마지막은 하나님의 진노를 받아 멸망할 뿐입니다. 박해자는 영원하지 않으나, 박해받는 성도들을 구원하시는 하나님은 영원하십니다. 우리가 복음에 합당한 생활을 하면 하나님의 은혜를 경험합니다. 성령님께서 우리를 도우십니다.

3. 고난의 은혜

바울은 예수 그리스도를 위해 고난을 받는 것도 은혜라고 했습니다. 고난이 은혜가 되는 것은 성령님께서 그 고난을 사용하시기 때문입니다. 성도가 고난을 받을 때, 그것이 고난을 받으신 그리스도를 배우는 좋은 기회가 됩니다. 그리고 그러한 체험을 통해 고난을 받는 성도들을 위로할 수 있는 사람이 되는 은혜를 누립니다.

우리의 생각과 하나님의 생각은 다릅니다. 우리는 평안하게 살기를 기도하지만, 하나님의 섭리는 때로 고난을 보게 하십니다. 그 고난을 통해서 우리를 하나님의 사람으로 만드시기 때문입니다.

기도문

> 왕의 왕이신 하나님, 고 ○○○ 님을 추억하는 이 시간에, 혹시 이 가정에 고난이 있다면 하나님의 영광이 나타나기를 소망합니다. 만일, 견디기 힘든 시간이라면 주님의 권능으로 물리쳐 주시고, 이기게 하시옵소서. 예수님의 이름으로 기도드립니다. 아멘.

추모소천일 예배 | **불신자의 가정 6**

위의 것을 찾으라

‖ **묵상기도의 말씀** ‖
"그러므로 너희가 그리스도와 함께 다시 살리심을 받았으면 위의 것을 찾으라 거기는 그리스도께서 하나님 우편에 앉아 계시느니라" (골 3:1).

- 찬송가_25장, 480장
- 성경 본문_골로새서 3:1-4

말씀의 요약

자녀들에게 좋은 부모의 자리를 지키셨던 고 ○○○ 님을 추억하며 하나님께 예배할 때, 우리에게 주시는 복된 말씀을 나누겠습니다. 오늘, 우리를 위로하시는 은혜는 하늘에 본향을 둔 자로서 위의 것을 찾으라는 말씀입니다.

1. 하늘에 있는 신분

하나님의 자녀는 자신의 신분을 위에 두고 있습니다. 그는 하늘에 속한 사람이기에 위로부터 주어지는 은혜를 받습니다. 위에는 예수 그리스도께서 하나님 우편에 앉아 계십니다. 우리가 위를 생각할 때, 하나님의 은혜가 뜨겁게 나타납니다. 성도가 은혜에 메마르고, 평안하지 못한 것은 아래를 생각하기 때문입니다.

2. 위의 것을 생각하라

생각은 사람을 다스리게 됩니다. 그것은 생각과 행동은 직결되기 때문입니다. 만일, 우리가 위의 것을 생각한다면 그것으로 행복입니다. 예수님께서 우리를 받아주시고, 함께 하시기 때문입니다. 위에 계신 예수님을 생각할 때 우리는 많은 유익을 얻게 됩니다. 예수님을 생각할 때, 성도에게 주어지는 유익은 엄청납니다.

3. 위로부터 오시는 예수님

예수님은 지금도 살아서 위에 계십니다. 때가 되면 예수님은 심판의 주로 세상에 다시 오십니다. 장차 재림하실 주님을 생각할 때, 우리는 위를 묵상하면서 자신의 삶을 검토해야 합니다. 마치 결혼을 앞둔 신부가 그 날을 기다리며 마음의 준비를 하듯이 기다립니다. 주님을 만날 때, 자랑스러운 모습으로 서야 할 것입니다.

우리는 이 땅에서 살기 때문에 당연히 먹고, 마시고, 살아가는 문제를 크게 보아야 합니다. 그러나 그것이 우리의 삶을 연명하게 하지만, 절대적일 수 없습니다. 우리는 늘 천국을 소망해야 합니다.

기도문

소원을 이루시는 여호와여, 고 ○○○ 님을 기억하는 좋은 시간에 예배하게 하셨음에 감사드립니다. 이 가정에 구원의 은혜가 임하고, 모든 식구들이 하나님의 나라를 본향으로 갖게 하셨음을 든든히 여기게 하시옵소서. 예수님의 이름으로 기도드립니다. 아멘.

추모소천일 예배 불신자의 가정 7

선한 것을 본받으라

‖ **묵상기도의 말씀** ‖
"사랑하는 자여 악한 것을 본받지 말고 선한 것을 본받으라 선을 행하는 자는 하나님께 속하고 악을 행하는 자는 하나님을 뵈옵지 못하였느니라" (요삼 1:11)

- 찬송가_35장, 450장
- 성경 본문_요한삼서 1:5-12

말씀의 요약

고 ○○○ 님의 자녀와 손자들, 일가친지들이 한 자리에 모여 고인을 회상하고, 여호와께 감사드릴 때, 우리에게 주시는 은혜의 말씀을 나누겠습니다. 오늘, 우리를 위로하시는 은혜는 하나님의 선하심을 나의 것으로 취해야 한다는 말씀입니다.

1. 으뜸되기를 좋아한 디오드레베

본문 9절을 봅시다. "내가 두어 자를 교회에 썼으나 그들 중에 으뜸되기를 좋아하는 디오드레베가 우리를 맞아들이지 아니하니." 사도는 지금, 디오드레베를 나무라고 있습니다. 그는 교회 앞에서 으뜸되기를 좋아했다는 책망을 받았습니다. 주님께서는 우리가 높아지려 하지 말고 낮아져야 한다고 당부하셨습니다.

2. 전도자들을 비방한 디오드레베

가정에서나 교회에서, 또 다른 곳에서 사람에 대하여 말하기가 쉽습니다. 이때, 남을 비방하는 말을 해서는 안 됩니다. 본문 10절을 보니, "그가 악한 말로 우리를 비방하고도 오히려 부족하여 형제들을 맞아들이지도 아니하고 맞아들이고자 하는 자를 금하여 교회에서 내쫓는도다"라고 하였습니다. 비방은 말로 남을 해치는 것입니다.

3. 서로 섬겨라

하나님 앞에서 성도는 서로 대접해야 합니다. 먼저, 가정을 보면, 부모가 자녀를 대접하고 자녀 역시 부모를 대접하는 것이 좋습니다. 사람은 지위고하를 막론하고 서로 대접해야 합니다. 이 대접으로 서로를 존경하고, 공동체를 세워갑니다. 그러므로 요한은 디오드레베를 나무라면서 그를 본받지 말고, 선한 행실을 본받으라 하였습니다.

여호와 앞에서 우리가 취해야 될 삶의 태도는 겸손입니다. 하나님께서 나의 위치를 높이기도 하시고, 낮추기도 하심을 겸허하게 받아들여야 합니다. 겸손으로 하나님의 영광을 구하시기 바랍니다.

기도문

> 위로해 주시는 하나님, 고 ○○○ 님이 여호와 앞에서 복을 누려 자손을 많이 보게 하셨음에 감사드립니다. 이제, 이 귀한 지체들이 예수님을 주님으로 모시고 사는 날 동안에 복에 복을 더하는 은총을 내려 주시옵소서. 예수님의 이름으로 기도드립니다. 아멘.

설날 가정 예배 | 신자의 가정 1

여호와의 명령을 따라

‖ **묵상기도의 말씀** ‖
"곧 그들이 여호와의 명령을 따라 진을 치며 여호와의 명령을 따라 행진하고 또 모세를 통하여 이르신 여호와의 명령을 따라 여호와의 직임을 지켰더라"(민 9:23).

- 찬송가_31장, 433장
- 성경 본문_민수기 9:15-23

말씀의 요약

설날 아침에, 고 ○○○ 님을 추모하여 하나님께 예배하게 하셨음에 감사드리며, 우리에게 주신 하나님의 말씀을 나누겠습니다. 오늘, 우리를 위로하시는 은혜는 여호와의 말씀에 순종해서 살게 하심에 대한 것입니다.

1. 하나님의 인도

이스라엘 자손들이 광야를 지나는 길에는 군대를 편성해 하나님을 위해 싸우는 여정의 준비가 되어 있었습니다. 그리고 그들의 움직임에 하나님의 인도하심이 있었습니다. 하나님의 백성들에게는 안내자가 계신데 바로 하나님이십니다. 우리는 우리와 함께 하시는 그분의 임재 안에 계신 하나님의 인도하심을 기억해야 합니다.

2. 구름의 인도

본문 17절에 보니, "구름이 성막에서 떠오르는 때에는 이스라엘 자손이 곧 행진하였고 구름이 머무는 곳에 이스라엘 자손이 진을 쳤으니"라고 하였습니다. 이스라엘 백성들의 여정은 구름의 주도 아래서 진행되었다는 것입니다. 하늘의 구름은 하나님의 임재라는 의미에서 하나님을 상징합니다. 성도는 하나님께서 보호하십니다.

3. 인도하시는 하나님

이스라엘 백성들의 인도자로 나타난 구름은 하나님의 임재였습니다. 본문 21절을 봅시다. "혹시 구름이 저녁부터 아침까지 있다가 아침에 그 구름이 떠오를 때에는 그들이 행진하였고 구름이 밤낮 있다가 떠오르면 곧 행진하였으며." 하나님은 자기 백성들을 이끌어 주십니다. 이스라엘 자손들은 하나님의 안내를 따라 길을 떠났습니다.

이스라엘 백성들을 인도하신 하나님은 오늘, 말씀으로 우리를 인도하십니다. 우리에게 본을 남기신 고 ○○○ 님께서는 말씀의 인도를 따르셨습니다. 그 은혜가 이 자손들에게 있기를 축복합니다.

기도문

> 사랑의 주 하나님, 주님만 따르기를 소원하며 사셨던 고 ○○○ 님의 삶을 추억하게 하셨음에 감사드립니다. 이 시간에, 고인의 하나님을 나의 하나님으로 삼고, 여호와의 말씀을 따르며 사는 가족들에게 은총을 더하시옵소서. 예수님의 이름으로 기도드립니다. 아멘.

설날 가정 예배 | 신자의 가정 2

이름을 위대하게

‖ **묵상기도의 말씀** ‖
"네가 가는 모든 곳에서 내가 너와 함께 있어 네 모든 원수를 네 앞에서 멸하였은즉 땅에서 위대한 자들의 이름 같이 네 이름을 위대하게 만들어 주리라"(삼하 7:9).

• 찬송가_19장, 301장
• 성경 본문_사무엘하 7:4-9

말씀의 요약

설 명절의 복된 시간에, 고 ○○○ 님을 추모하면서, 예배하게 하신 여호와께 영광을 드리고, 우리에게 주신 하나님의 말씀을 나누겠습니다. 오늘, 우리를 위로하시는 은혜는 믿음을 지키고 승리한 자들에게 그 이름을 위대하게 해주심의 삶에 대한 말씀입니다.

1. 함께하시는 하나님

다윗은 이스라엘의 임금이 된 후에, 성전을 지어 하나님께 드리려는 소원으로 가득 찼습니다. 그의 여호와를 향한 사랑은 하나님을 감동시켰습니다. 하나님의 말씀이 나단 선지자에게 임하여 다윗에게 복을 약속하셨습니다. 그 첫째가 하나님의 함께하심입니다. 다윗이 어디를 가든지 그의 편이 되어 주시고 같이 하신다는 것입니다.

2. 대적을 멸해주시는 하나님

하나님은 하나님을 사랑하는 자들에게 은혜를 더욱 베풀어 주십니다. 모든 사람들이 하나님의 은혜를 받으나, 여호와를 사랑하는 자에게는 남다른 은혜를 베푸십니다. 그 은혜로 다윗에게는 그의 대적을 그의 앞에서 물리쳐 주신다고 약속하셨습니다. 당시에, 그의 대적들이 많았는데, 이들을 물리쳐 이름을 위대하게 하신다고 하셨습니다.

3. 나라를 평안케 하시는 하나님

본문 11절을 봅시다. "너를 모든 원수에게서 벗어나 편히 쉬게 하리라"라고 하셨습니다. 나라 안에서 그의 대적들이 물러가고, 나라 밖으로 대적이 사라진다면 온 나라가 평안하게 될 것입니다. 그리고 이스라엘 백성들도 평안을 누리게 될 것입니다. 하나님의 은혜가 임하면 사람이나 가정에, 국가에 평안의 복으로 나타납니다.

이 시간에, 고 ○○○ 님의 삶을 통해서 우리가 교훈을 받아야 할 것은 하나님의 함께하심을 소원해야 함입니다. 참으로 하나님이 함께하셔야 승리가 있고, 영예도 있습니다.

기도문

하나님 여호와여, 자기 백성에 대하여 대적을 물리쳐 주시는 은혜가 고 ○○○ 님의 자손들에게 나타나게 하시옵소서. 설의 즐거움을 하나님 앞에서 누리는 복된 지체들에게 형통한 한 해의 삶을 내다보게 하시옵소서. 예수님의 이름으로 기도드립니다. 아멘.

설날 가정 예배 **신자의 가정 3**

새해에 주의 인자하심이

‖ 묵상기도의 말씀 ‖
"아침에 주의 인자하심이 우리를 만족하게 하사 우리를 일생 동안 즐겁고 기쁘게 하소서 우리를 괴롭게 하신 날수대로와 우리가 화를 당한 연수대로 우리를 기쁘게 하소서"(시 90:14-15).

- 찬송가_38장, 309장
- 성경 본문_시편 90:12-17

말씀의 요약

지금은 믿음의 행전을 다 쓰고, 하늘에 계시는 고 ○○○ 님으로 인하여 하나님의 이름을 송축하며, 우리에게 주신 하나님의 말씀을 나누겠습니다. 오늘, 우리를 위로하시는 은혜는 주의 인자하심을 소망하는 삶입니다.

1. 지혜로운 시작

본문 12절에, "우리에게 우리 날 계수함을 가르치사 지혜로운 마음을 얻게 하소서"라고 하였습니다. 지혜는 새롭게 반짝하는 두뇌의 힘입니다. 낡은 생각, 실의에 빠진 마음은 묵은해와 함께 다 버리시기 바랍니다. 어제까지의 실패와 죄책감은 다 주님께 맡겨 버리십시오. 새로운 소원, 결단을 다짐하면서 지혜를 구하기 바랍니다.

2. 기대하는 시작

본문 14절에 "아침에 주의 인자하심이 우리를 만족하게 하사 우리를 일생 동안 즐겁고 기쁘게 하소서"라고 하였습니다. 믿음으로 사는 사람에게는 좋은 일, 즐거운 일이 생길 줄 믿습니다. 우리 하나님 아버지는 좋으신 아버지십니다. 우리는 하나님께 기대를 가지고 출발해야 합니다. 하나님을 의지하고 큰 꿈을 이루어주심을 기대해야 합니다.

3. 믿음으로의 시작

본문 17절에, "주 우리 하나님의 은총을 우리에게 내리게 하사 우리의 손이 행한 일을 우리에게 견고하게 하소서"라고 하였습니다. 바울은 "나의 하나님이 그리스도 예수 안에서 영광 가운데 그 풍성한 대로 너희 모든 쓸 것을 채우시리라"(빌 4:19)고 고백하였습니다. 하나님께서 이루어주심을 믿고 시작합시다.

성도가 하나님 앞에서 바랄 것이 많되, 근본적인 것은 여호와의 인애입니다. 그 인애로 우리는 구원을 받았고, 천국의 백성이 되었습니다. 그러므로 하나님의 인자하심 안에서 살도록 힘써야 합니다.

기도문

> 복의 근원이 되시는 하나님, 고 ○○○ 님께서 하나님의 영광을 구하던 삶의 모습을 추억하면서, 주님의 인자하심을 구합니다. 새해가 시작되는 설의 기쁨을 예배하는 자손들에게 날마다, 때마다 주시옵소서. 예수님의 이름으로 기도드립니다. 아멘.

> 설날 가정 예배 | 신자의 가정 4

기뻐하고 즐거워하라

‖ **묵상기도의 말씀** ‖
"너의 하나님 여호와가 너의 가운데에 계시니 그는 구원을 베푸실 전능자이시라 그가 너로 말미암아 기쁨을 이기지 못하시며 너를 잠잠히 사랑하시며 너로 말미암아 즐거이 부르며 기뻐하시리라 하리라"(습 3:17).

- 찬송가_71장, 428장
- 성경 본문_스바냐 3:14-20

말씀의 요약

설날의 아침, 고 ○○○ 님께서 영원한 집에 계심을 즐거워하여 하나님께 예배하는 이 시간에, 우리를 위로하시는 은혜는 여호와 앞에서 기뻐하고 즐거워하는 삶입니다.

1. 형벌이 면해지고, 원수가 쫓겨남

자기 백성들을 향하신 하나님의 은혜는 혹시 그들이 죄를 지었을지라도 형벌을 제하시고, 그들을 괴롭히던 원수를 쫓아내심으로 나타납니다. 본문 15절에, "여호와가 네 형벌을 제거하였고 네 원수를 쫓아냈으며"라고 하였습니다. 여호와의 진노를 멈추시고, 자기 백성들의 지위를 회복하심의 은혜입니다. 이때부터 평강을 누립니다.

2. 하나님의 기쁨

자기 백성들을 향하신 하나님의 은혜는 선민들로 인하여 하나님께서 기쁨을 이기지 못하시는 것으로 나타납니다. 본문 17절에, "그가 너로 말미암아 기쁨을 이기지 못하시며 너를 잠잠히 사랑하시며 너로 말미암아 즐거이 부르며 기뻐하시리라 하리라"라고 하였습니다. 우리를 향하신 하나님의 사랑은 아버지가 자식을 사랑함과 같습니다.

3. 칭찬과 명성

자기 백성들을 향하신 하나님의 은혜는 괴로움으로 인해서 저는 자를 구원하시고, 쫓겨난 자를 모으며 온 세상에서 수욕받는 자로 칭찬과 명성을 얻게 하심으로 나타납니다. 본문 19절에, "그 때에 내가 너를 괴롭게 하는 자를 다 벌하고"라고 하였습니다. 이스라엘을 괴롭히던 이방의 세력을 무너뜨리시겠다는 하나님의 자비입니다.

하나님은 좋으신 아버지시므로 자기의 백성들에게 기쁨을 주십니다. 그리고 즐겁게 하십니다. 하나님께서는 우리 때문에 기쁨을 이기지 못하신다고 하셨습니다. 여호와 앞에서 기쁨이 되시기 바랍니다.

기도문

생명의 주 여호와여, 고 ○○○ 님께서 하나님의 뜻이 이루어지기를 평생에 소망하셨던 은총을 자손들이 물려받았음에 감사드립니다. 이 가정에서 주님의 영화로우심이 선포되고, 그 이름이 높아지게 하시옵소서. 예수님의 이름으로 기도드립니다. 아멘.

설날 가정 예배 | **신자의 가정 5**

우리, 가난한 심령이어라

‖ **묵상기도의 말씀** ‖
"나 여호와가 말하노라 내 손이 이 모든 것을 지었으므로 그들이 생겼느니라 무릇 마음이 가난하고 심령에 통회하며 내 말을 듣고 떠는 자 그 사람은 내가 돌보려니와"(사 66:2).

• 찬송가_40장, 423장
• 성경 본문_마태복음 5:1-3

말씀의 요약

고 ○○○ 님을 아버지의 품으로 받아주셔서, 영원한 안식을 누리게 하신 하나님께 감사하여 예배하는 지금, 우리에게 주신 생명의 말씀을 나누겠습니다. 오늘, 우리를 위로하시는 은혜는 가난한 심령으로 사는 삶에 대한 말씀입니다.

1. 심령의 가난

요한계시록에 보면, 라오디게아 교회는 물질로 인하여 그들의 심령이 부요했었습니다. 그들은 물질로 말미암아 하나님을 떠나 심령이 부요하게 되었습니다. 성도는 자기를 위하여 재물을 쌓아 두고 하나님께 대하여 부요치 못해서는 안 되기에 심령이 가난해야 한다고 하셨습니다. 가난한 심령은 세상에서의 소망이 없음을 말합니다.

2. 가난을 원함

성도는 재물에 그 마음이 빼앗기지 아니하고 세상 소망 때문에 그 마음이 세상으로 흐르지 않아야 합니다. 세상에 대하여 가난할 때, 그의 마음이 예수님으로 가득 차고, 위로부터 내려오는 하나님의 은혜에 소망을 갖게 됩니다. 만일, 세상에 있는 것으로 마음에 채워지면 그 마음이 교만에 처하게 됩니다. 그러므로 가난해져야 합니다.

3. 천국의 주인

하나님께서는 심령이 가난한 자들에게 천국을 주십니다. 이는 하나님의 은혜로만 살아간다는 것을 뜻합니다. 성도가 성령님의 충만을 사모해도, 성령님의 임재를 경험하지 못함은 그의 마음이 부요하기 때문입니다. 심령이 가난해지면, 하나님의 일하심을 보고, 느끼고, 그분의 섭리를 받아들입니다. 그 마음은 평안으로 가득해집니다.

사슴이 물을 찾는 것처럼, 우리는 하나님의 은혜를 찾아야 합니다. 그렇지만 세상의 것들로 마음이 채워지면, 하나님께 소망을 둘 수 없습니다. 자기를 비워 하늘을 담는 은혜가 있으시기를 축복합니다.

기도문

> 좋으신 우리 하나님, 고 ○○○ 님을 추억하면서 그가 살았던 신앙의 발자취도 따르게 하시옵소서. 고인의 기도로 자라난 자녀들에게 믿음에서 믿음에 이르게 하시고, 천국을 사모하는 목마름으로 지내게 하시옵소서. 예수님의 이름으로 기도드립니다. 아멘.

설날 가정 예배 | 신자의 가정 6

거짓 교훈을 주의하라

‖ **묵상기도의 말씀** ‖
"그러므로 너희가 그리스도 예수를 주로 받았으니 그 안에서 행하되 그 안에 뿌리를 박으며 세움을 받아 교훈을 받은 대로 믿음에 굳게 서서 감사함을 넘치게 하라"(골 2:6-7).

• 찬송가_21장, 446장
• 성경 본문_골로새서 2:8-12

말씀의 요약

우리에게 믿음의 삶에 대한 교훈을 보이시고, 지금은 천국에 계시는 고 ○○○ 님을 추모하면서, 하나님께 영광을 드리는 이 시간에, 우리에게 주신 생명의 말씀을 나누겠습니다. 오늘, 우리를 위로하시는 은혜는 거짓 교훈에 주의하는 삶입니다.

1. 사람의 전통
유대주의적인 율법주의는 하나님을 떠나 사람이 만든 인본주의 사상입니다. 그러나 성경은 이 예언의 말씀에 덜하지도 말고 더하지도 말라고 분명히 말씀하고 있습니다(계 22:19). 그런데 예수님 당시의 바리새인들도 전통을 귀하게 여겼습니다(마 15:2, 3). 전통보다 귀한 것은 계시된 하나님의 말씀 그 자체입니다.

2. 초등 학문
골로새 교회에 거짓 교훈을 퍼뜨리는 자들은 초등학문으로 교회를

어지럽혔습니다. 초등학문은 문자적으로 사물의 기본이 되는 요소로서 세상의 학문을 말합니다. 당시에는 점성술이 성행하였습니다. 그들은 천사숭배, 금욕주의 등 종교의 유치한 초보적 단계를 다루었습니다. 그것은 성도들을 미혹하는 철학과 헛된 속임수였습니다.

3. 예수님에 대한 부인

골로새 교회에 침투한 거짓 교훈에는 그리스도를 따르지 아니한 것이 있었습니다. 사실, 교회를 병들게 하는 이단사상 중에 이것이 가장 치명적입니다. 그리스도를 따르지 아니하면 결코 구원을 받을 수 없습니다. 예수님은 육신으로 나타나신 하나님이십니다. 예수님 안에는 신성의 충만함이 거하고 있으니 그는 바로 하나님이십니다.

나의 신앙의 뿌리는 어디에 두고 있습니까? 조상 때부터 간직하고 살아온 습관과 전통입니까? 하늘에 속한 사람이면서도 여전히 세상적인 습관을 갖고 살지 않기를 소망합니다. 그것은 잘못된 것입니다.

기도문

기도를 들으시는 여호와여, 사랑하는 지체들에게 바른 생각과 바른 행동의 삶을 누리게 하시옵소서. 고 ○○○ 님께서 여호와 앞에 바른 신앙으로 살려 했던 몸부림의 은총이 자손들의 것이 되게 하시옵소서. 예수님의 이름으로 기도드립니다. 아멘.

설날 가정 예배 | 신자의 가정 7

성공자의 삶

‖ 묵상기도의 말씀 ‖
"너희가 도리어 말하기를 주의 뜻이면 우리가 살기도 하고 이것이나 저것을 하리라 할 것이거늘 이제도 너희가 허탄한 자랑을 하니 그러한 자랑은 다 악한 것이라"(약 4:15-16).

- 찬송가_80장, 344장
- 성경 본문_야고보서 4:13-17

말씀의 요약

지금은 신앙의 본이 되신 고 ○○○ 님을 기억하면서, 그분과의 삶을 나누게 하신 여호와의 이름을 높이는 시간에, 우리를 위로하시는 은혜는 신앙적으로 성공자의 삶을 사는 것의 말씀입니다.

1. 하나님을 의지하라

우리가 진실로 성공자가 되려면, 하나님의 인도를 받아야 합니다. 그러므로 첫째로 결단해야 할 것은 주님만 의지하겠다는 결단입니다. 인간은 연약한 존재입니다. 본문에서는 우리를 가리켜서 "잠깐 보이다가 없어지는 안개"라고 표현하였습니다(14절). 이처럼 연약한 인간 한계를 깨닫고 주님만 의지하고 살아야 승리할 수 있습니다.

2. 하나님의 뜻을 존중하라

우리가 진실로 성공자가 되려면, 하나님의 뜻을 이루어 드리는 삶을 살아야 합니다. 그러므로 둘째로 결단해야 할 것은 주님의 뜻대로 살리라는 결단입니다. 본문 13절에, "오늘이나 내일이나 우리가 어떤 도시에 가서, 일 년을 머물며 장사하여 이익을 보리라" 했습니다. 그러나 주님의 뜻이면 살기도 하고, 이것저것을 하는 것입니다.

3. 착한 일을 도모하라

우리가 진실로 성공자가 되려면, 착한 일에 대한 소망을 가져야 합니다. 그러므로 셋째로 결단해야 할 것은 착한 행실의 열매를 맺어야 겠다는 결단입니다. 우리는 하나님의 이름에 영광을 드리는 선한 사람으로 살아야 합니다. 착한 행실은 부가적인 것이 아니라 절대 선택되어야 합니다. 만일 선을 행하지 않으면 죄라 하였습니다.

지금, 고 ○○○ 님이 참 그립습니다. 그는 여호와 앞에서 신앙의 성공자가 되기를 원하셨습니다. 어떤 경우에도 하나님을 의지하기를 놓지 않고, 하늘의 뜻을 자기의 소원으로 삼고 사셨습니다. 그 은혜가 우리들의 것이 되기를 소망합니다.

기도문

> 하늘에 계신 하나님, 추모예배를 드리는 이 가족들을 축복합니다. 믿음의 자손들이 여호와께 드려지는 제물이 되기 원합니다. 이들의 삶을 통해서, 하나님의 뜻이 존중되고, 여호와께 선한 손들이 되게 하시옵소서. 예수님의 이름으로 기도드립니다. 아멘.

| 설날 가정 예배 | 불신자의 가정 1 |

거룩한 땅이니 신을 벗으라

‖ **묵상기도의 말씀** ‖
"여호와께서 그가 보려고 돌이켜 오는 것을 보신지라 하나님이 떨기나무 가운데서 그를 불러 이르시되 모세야 모세야 하시매 그가 이르되 내가 여기 있나이다"(출 3:4).

- 찬송가_22장, 371장
- 성경 본문_출애굽기 3:1-5

말씀의 요약

우리 다같이 ○○○ 님의 어르신이신 고 ○○○ 님을 추모하면서, 하나님께서 이 가정에 복을 주시기로 예비하시고 주신 말씀을 나누도록 하겠습니다. 오늘, 우리를 위로하시는 은혜는 하나님의 동행에 대한 약속의 말씀입니다.

1. 하나님의 음성

모세는 호렙산에서 떨기나무에 꺼지지 않는 여호와의 불을 보게 됩니다. 그가 떨기나무가 타지 않는 것을 기이하게 여겨 가까이 이르니, 하나님의 음성이 들려왔습니다. 본문 5절을 보니, 하나님께서는 그에게 신을 벗으라고 하셨습니다. 이는 모세 자신을 내려놓으라는 말씀입니다. 자신의 생각을 버리라는 것입니다.

2. 보내심을 받음

본문 10절에서, "이제 내가 너를 바로에게 보내어 너로 내 백성 이스라엘 자손을 애굽에서 인도하여 내게 하리라"라고 하였습니다. 하나님께서 모세에게 신을 벗도록 하심은 그를 바로에게 보내시려는 것이었습니다. 모세가 바로에게 가려면 신을 신어야 하는데, 신을 벗고 가라는 것은 하나님에 의해서 보냄을 받아야 한다는 의미입니다.

3. 임마누엘의 약속

본문 12절을 함께 봅시다. "하나님이 이르시되 내가 반드시 너와 함께 있으리라." 하나님께서는 자기 백성들을 애굽에서 구해내시려고 모세를 지도자로 삼으셨습니다. 이때, 모세는 지금까지 살아왔던 과거의 사람으로서는 이 일을 감당할 수 없었습니다. 모세의 신을 벗기시고, 하나님께서 친히 그와 동행해 주겠다고 약속하신 것입니다.

하나님은 자기의 백성들과 함께하십니다. 우리가 자신의 방식대로 살아온 삶의 습관을 버리고, 하나님을 의지하면, 여호와의 인도하심을 받을 수 있습니다. 자기를 버리시는 은혜를 기원합니다.

기도문

전지전능하신 하나님, 고 ○○○ 님을 회상하면서 예배하는 이 가정에 하나님의 동행하심이 있기를 소망합니다. 여호와께 늘 믿음으로 살기를 다짐하는 가족들에게 은혜와 진리로 인도하심을 보게 하시옵소서. 예수님의 이름으로 기도드립니다. 아멘.

> 설날 가정 예배 | 불신자의 가정 2

지혜를 구하라

‖ 묵상기도의 말씀 ‖
"그는 모든 사람보다 지혜로워서 에스라 사람 에단과 마홀의 아들 헤만과 갈골과 다르다보다 나으므로 그의 이름이 사방 모든 나라에 들렸더라"(왕상 4:31).

- 찬송가_36장, 402장
- 성경 본문_열왕기상 4:29-34

말씀의 요약

이 시간에, 고 ○○○ 님을 추모하면서 여호와의 은혜에 감사드리고, 그의 후손들이 주님의 이름으로 모여 예배할 때, 이 가정에 주신 말씀을 나누도록 하겠습니다. 오늘, 우리를 위로하시는 은혜는 지혜롭게 살아가는 것에 대한 말씀입니다.

1. 지혜를 주시는 은혜

본문 29절을 보니, "하나님이 솔로몬에게 지혜와 총명을 심히 많이 주시고 또 넓은 마음을 주시되 바닷가의 모래 같이 하시니"라고 하였습니다. 하나님께서 솔로몬에게 많은 지혜를 주시되, 무진장하게 주셨습니다. 그리하여 그 지혜의 혜택을 이스라엘 백성 전체가 받게 된 것입니다. 하나님이 주시는 지혜는 자신과 남을 이롭게 합니다.

2. 명성을 얻게 하시는 은혜

본문 30절을 보니, "솔로몬의 지혜가 동쪽 모든 사람의 지혜와 애굽의 모든 지혜보다 뛰어난지라"라고 하였습니다. 솔로몬의 지혜는 하늘의 별과 같이 바닷가의 모래같이 해박함을 말합니다. 하나님께서 주신 성령의 지혜는 그 해박함을 말로 표현하기 어렵습니다. 그의 지혜는 하나님 앞에서 자신의 이름을 떨치게 하였습니다.

3. 적용하게 하시는 은혜

본문 33절을 보니, "그가 또 초목에 대하여 말하되 레바논의 백향목으로부터 담에 나는 우슬초까지 하고 그가 또 짐승과 새와 기어 다니는 것과 물고기에 대하여 말한지라"라고 하였습니다. 세상에서는 지혜롭다 하지만 그것을 삶에 적용하지 못하는 경우가 허다합니다. 그러나 솔로몬은 지혜로 백성을 다스려 평안하게 하였습니다.

새해가 되면, 사람들은 누구나 소망으로 가득 차고, 자신에게 주어질 복에 대하여 생각합니다. 하나님께서 영생의 복을 주신 이 가정에 하나님의 지혜로 살아가는 은혜가 풍성하기를 기원합니다.

기도문

> 복의 문을 여시는 여호와여, 이 가정을 의인의 처소로 삼으시고, 이 시간에 고 ○○○ 님의 추모하는 예배를 드리게 하셨음에 감사드립니다. 소망으로 가득하여 주님의 길에서 살아가는 가족들에게 평강의 은혜를 더하시옵소서. 예수님의 이름으로 기도드립니다. 아멘.

설날 가정 예배 | 불신자의 가정 3

내게 주신 모든 은혜

‖ **묵상기도의 말씀** ‖
"사망의 줄이 나를 두르고 스올의 고통이 내게 이르므로 내가 환난과 슬픔을 만났을 때에 내가 여호와의 이름으로 기도하기를 여호와여 주께 구하오니 내 영혼을 건지소서 하였도다"(시 116:3-4).

- 찬송가_86장, 308장
- 성경 본문_시편 116:3-14

말씀의 요약

나그네의 삶을 아름답게 사셨던 고 ○○○ 님을 추모하는 가족들이 여호와께 합당한 영광을 드리는 지금, 하나님께서 우리에게 주시는 소망의 말씀을 나누겠습니다. 오늘, 우리를 위로하시는 은혜는 하나님의 은혜를 묵상하는 삶입니다.

1. 임마누엘의 복

하나님은 자기 백성들과 함께 하십니다. 다윗은 하나님의 함께하심에 대하여 풍성한 은혜를 누렸습니다. 그의 하나님은 언제나 그의 음성과 간구를 들어주셨습니다. 그래서 다윗은 자기와 함께하시는 임마누엘의 복에 감사하면서, 하나님을 사랑한다고 고백하지 않을 수 없었습니다. 하나님은 은혜로우시며 의로우시며 자비하십니다.

2. 여호와 이레의 복

다윗은 살아가면서 자기를 위하여 준비해주시고, 미리 움직여주시는 하나님을 체험하였습니다. 그래서 그는 본문 7절과 같이, "내 영혼아 네 평안함으로 돌아갈지어다. 여호와께서 너를 후대하심이로다"라고 찬양하였습니다. 언제나 그는 삶의 한 가운데 서서 그의 삶에 평안을 보장해 주시는 여호와 이레의 복에 감사하였습니다.

3. 에벤에셀의 복

본문 12절에서, "내게 주신 모든 은혜를 내가 여호와께 무엇으로 보답할까"라고 다윗은 스스로에게 물었습니다. 다윗의 하나님은 은혜를 베풀어 언제나 도우시는 분이셨습니다. 생각하건대, 그는 하나님의 은혜를 헤아리기 힘들 만큼 누리며 살고 있었습니다. 하나님은 그에게 '여기까지 도우시는' 에벤에셀이 되셨습니다.

우리 하나님은 인생에 대하여 복을 주시는 분이십니다. 그가 우리에게 베푸신 복은 임마누엘, 여호와 이레 그리고 에벤에셀의 복입니다. 이 복만 있으면 우리는 이 땅에서 부족함이 없이 살게 됩니다.

기도문

> 만족하게 하시는 하나님, 이 가정을 위하여 하늘의 문을 여시고, 이미 많은 복으로 살게 하셨음에 감사드립니다. 지금, 고 ○○○ 님에 대한 추모를 예배로 영광을 드릴 때, 가정에 복이 넘치고 자손들이 형통하게 하시옵소서. 예수님의 이름으로 기도드립니다. 아멘.

설날 가정 예배 **불신자의 가정 4**

지식을 따라 동거하라

‖ **묵상기도의 말씀** ‖
"남편들아 이와 같이 지식을 따라 너희 아내와 동거하고 그를 더 연약한 그릇이요 또 생명의 은혜를 함께 이어받을 자로 알아 귀히 여기라 이는 너희 기도가 막히지 아니하게 하려 함이라"(벧전 3:7).

- 찬송가_21장, 426장
- 성경 본문_베드로전서 3:1-7

말씀의 요약

우리 함께 고 ○○○ 님을 추모하는 자리가 하나님께 영광이 되기를 소망하며, 고인의 자손들과 우리 모두에게 주시는 하나님의 말씀을 듣겠습니다. 오늘, 우리를 위로하시는 은혜는 하나님께서 주시는 말씀의 지식으로 사는 삶입니다.

1. 아내의 순종

아내와 남편으로 한 가정이 이루어집니다. 이때, 아내는 남편된 사람에게 순종하는 배우자가 되어야 합니다. 이것은 남편이 아내보다 월등하거나 존경받을 만해서 순종하라는 것이 아니라 그렇게 하도록 하나님께서 세우셨기 때문입니다. 아내는 남편을 머리처럼 귀히 여기고 그 권위를 세워주면서 돕는 배필이 되어야 한다는 것입니다.

2. 남편의 사랑

남편은 하나님께서 자기에게 주신 아내를 귀하게 여겨야 합니다. 아내는 자신이 취득한 존재가 아니고, 하나님께서 주신 선물입니다. 이에, 남편은 아내를 맞이한 그날부터 하나님의 말씀에 따라 아내를 사랑하고, 그 사랑으로 동거하라고 하였습니다. 그리고 연약함 때문에 보호해주고, 생명의 은혜를 함께 이어 받을 자로 여겨야 합니다.

3. 하나님의 경륜

아담에게 여자를 주셔서 그로 하여금 남편이 되고, 여자를 아내로 삼게 하심은 하나님의 경륜입니다. 이로써 가정이 이루어지는 신비입니다. 여기에서 남편과 아내는 각자가 기도가 막히지 않도록 주의해야 합니다. 성도에게 기도가 막히면, 이미 하나님의 자녀로 사는 삶이 아닙니다. 아내의 순종과 남편의 사랑이 풍성해야 합니다.

성도는 하나님의 지식으로 세상을 살아가야 합니다. 하나님이 없이 사람이 지어낸 지식이 아니라, 하나님께서 주신 말씀과 규례에 따라 살아가야 하고, 그때, 가정이 번성하는 은혜를 누리게 됩니다.

기도문

하늘에 계신 하나님, 날마다 스스로를 신자 되기 원하는 심정으로 사시는 ○○○ 님과 이 가정을 축복합니다. 설날 아침에, 하나님께 소망을 두고 고 ○○○ 님을 추모할 때, 성령님의 충만하심이 있게 하시옵소서. 예수님의 이름으로 기도드립니다. 아멘.

설날 가정 예배 **불신자의 가정 5**

늘 애통함으로 살아라

‖ 묵상기도의 말씀 ‖
"슬퍼하며 애통하며 울지어다 너희 웃음을 애통으로, 너희 즐거움을 근심으로 바꿀지어다 주 앞에서 낮추라 그리하면 주께서 너희를 높이시리라" (약 4:9-10).

- 찬송가_71장, 424장
- 성경 본문_마태복음 5:4

말씀의 요약

고 ○○○ 님을 추억하는 이 시간에 후손들이 생전 고인의 유업을 따르기로 다짐하며, 하나님께 예배할 때, 우리에게 주시는 영생의 말씀을 나누겠습니다. 오늘, 우리를 위로하시는 은혜는 여호와께 슬퍼해야 하는 삶입니다.

1. 예수님의 애통

예수님의 공생애의 중심에는 애통함이 배어 있었습니다. 주님께서는 목자가 없는 양떼가 되어 방황하는 이스라엘 백성들을 보시고 애통해 하셨습니다. 서기관이나 바리새인들의 위선을 보고 애통해 하셨습니다. 주님의 애통하심이 우리를 구원에 이르게 하셨습니다. 주님의 애통이 하나님의 영광을 가져 온 것입니다.

2. 애통하는 심령

성도는 이 땅에서 애통으로 살아야 합니다. 가장 가깝게는 자신의 죄에 대하여 애통해야 합니다. 죄를 짓고도 그것을 슬퍼하지 않는다면 화인을 맞은 양심입니다. 하나님의 은혜가 우리로 하여금 눈물을 흘리게 하시는 대로 울어야 합니다. 마음으로는 원인데, 육체가 연약하여 하지 못함을 두고 애통하는 심령이 되어야 합니다.

3. 하나님의 위로

애통하는 자는 사죄에서 오는 마음의 기쁨을 얻게 됩니다. 죄로 애통하는 자는 하나님으로부터 죄의 사유함을 받습니다. 죄의 사유함은 인생의 축복 가운데 가장 복된 것으로 이 복은 인생의 마음에 무한한 기쁨을 줍니다. 또한 성령님의 임재에서 오는 위로에 마음의 평안을 누립니다. 애통하는 자에게 하나님의 위로하심이 있습니다.

성도의 슬픔은 하나님의 뜻을 이루어드리지 못한 안타까움에 있습니다. 우리는 성령님의 충만하심으로 애통하는 자의 은혜를 보아야 합니다. 슬퍼하지 않는 심령은 이미 화인을 맞은 것과 같습니다.

기도문

왕의 왕이신 하나님, 고 ○○○ 님을 추모하게 하셨음에 감사드립니다. 주님을 본받아 살기를 제일로 여기는 가족들에게 예비하신 복을 내려 주시옵소서. 설 명절에 여호와의 말씀으로 소망의 시간을 보내게 하시옵소서. 예수님의 이름으로 기도드립니다. 아멘.

설날 가정 예배 | 불신자의 가정 6

복음의 일꾼

‖ 묵상기도의 말씀 ‖
"만일 너희가 믿음에 거하고 터 위에 굳게 서서 너희 들은 바 복음의 소망에서 흔들리지 아니하면 그리하리라 이 복음은 천하 만민에게 전파된 바요 나 바울은 이 복음의 일꾼이 되었노라"(골 1:23).

- 찬송가_27장, 335장
- 성경 본문_골로새서 1:23

말씀의 요약

자녀들에게 좋은 부모의 자리를 지키셨던 고 ○○○ 님을 추억하며, 하나님께 예배할 때, 우리에게 주시는 복된 말씀을 나누겠습니다. 오늘, 우리를 위로하시는 은혜는 우리가 복음의 일꾼으로서 살아가야 한다는 말씀입니다.

1. 바울의 고백

바울은 자신이 복음의 일꾼이 되었다고 하였습니다. 죄인들을 구원하시기 위한 예수님의 사랑은 전해져야 합니다. 죄인들을 하나님과 화목하게 해주는 누군가에 의해서 어디로든지 전해져야 합니다. 바울은 골로새 교인들이 주님 앞에 설 때까지 거룩하고 흠이 없고 책망할 것이 없는 자로 나타나기를 격려하는 복음의 일꾼이었습니다.

2. 천하를 품은 바울

바울은 천하 만민에게 복음을 전파하는, 곧 세계를 가슴에 안고 헌신하는 복음의 일꾼입니다. 그는 직접 다니면서 온 천하에 복음을 전하였습니다. 옥에 갇힌 때에도 쉬지 않고, 온 천하에 복음을 전하였습니다. 예수님을 만나 변화된 한 사람의 힘이 이렇게 큽니다. 예수님은 바울에게 세계 복음화의 사명을 주셨습니다.

3. 바울의 소원

바울에게는 복음을 위한 일꾼으로서 일생의 소원이 있었습니다. 하나님께서 그에게 복음을 전함에 있어서의 소원을 품도록 하신 것입니다. 그는 세계 선교의 사명을 다하기까지 자신의 생명을 조금도 귀한 것으로 여기지 않고 일사 각오로 일한 복음의 일꾼이었습니다(행 20:24). 예수님은 유일자요, 바울은 일인자가 되었습니다.

우리는 하나님의 자녀 된 삶에 대한 소원이 있어야 합니다. 바울에게 복음의 일꾼으로 살기를 바라게 하셨던 것과 같이 성령님께서는 우리에게도 마음의 소원을 갖게 하시되, 일꾼으로 살게 하십니다.

기도문

소원을 이루시는 여호와여, 고 ○○○ 님의 가정에 복음의 빛을 비추어 주셨음에 감사드립니다. 이 집안의 지체들에게 거룩한 소명을 주셨으니, 그들이 각각 자신의 자리에서 성령님께 붙들려 복음의 일꾼으로 살게 하시옵소서. 예수님의 이름으로 기도드립니다. 아멘.

설날 가정 예배 | 불신자의 가정 7

선지자들을 본으로 삼으라

‖ **묵상기도의 말씀** ‖
"보라 인내하는 자를 우리가 복되다 하나니 너희가 욥의 인내를 들었고 주께서 주신 결말을 보았거니와 주는 가장 자비하시고 긍휼히 여기시는 이시니라"(약 5:11).

- 찬송가_64장, 311장
- 성경 본문_야고보서 5:1-11

말씀의 요약

설 명절의 좋은 날에, 고 ○○○ 님의 자녀와 손자들, 일가친지들이 한 자리에 모여 고인을 회상하고, 여호와께 감사드릴 때, 우리에게 주시는 은혜의 말씀을 나누겠습니다. 오늘, 우리를 위로하시는 은혜는 본을 따르는 삶의 말씀입니다.

1. 배려의 은혜
하나님께서 어떤 사람을 부요하게 하심은 그가 가진 것들을 이웃에게 나누어 주라는 의미입니다. 본문 1-6절은 부자들에게 주시는 경고입니다. 모든 부자가 악하다는 말이 아니라 남을 배려하지 못하는, 일꾼들의 삯을 주지 않는 악한 부자에게 경고하는 것입니다. 내가 가진 재물, 재주나 은사 등을 남을 배려하는 데 사용해야 합니다.

2. 신분의 은혜
우리가 예수님을 믿을 때, 하나님의 은혜는 내가 누구인지를 알게 해줍니다. 내가 누구이고, 어디에서 왔으며, 누구에게 속해있는지를 알려줍니다. 만일, 사람이 자신의 존재에 대하여 아무 것도 모른다면 불행하게 됩니다. 자신이 신분을 안다는 것은 그의 삶을 긍정적이게 합니다. 우리는 주님의 강림을 기다리는 주님께 속한 자들입니다.

3. 참음의 은혜

우리가 예수님을 믿을 때, 하나님의 은혜는 참음으로 나타납니다. 성령님의 감화는 우리에게 잘 참게 해주십니다. 본문을 보니, 사도는 여러 차례 길이 참으라고 하였습니다(7, 8, 10절). 이 말씀은 사람의 노력으로 참으라는 것이 아니고, 성령님께서 참게 해주시므로 이에 순종하라는 것입니다. 잘 참고 견디면 결국 승리하게 됩니다.

하나님께서는 자기 백성들을 교훈하시기 위해 선지자들로 하여금 발자취를 남기도록 하셨습니다. 그리고 이 땅에서 살아간 신앙의 선배들에게 본을 남기도록 하셨습니다. 우리는 그 본을 받아야 합니다.

기도문

위로해 주시는 하나님, 추모예배로 하나님을 영화롭게 해드린 ○○○님의 가정을 축복합니다. 자녀들과 일가친지들이 한 마음으로 예배한 가정에 신령한 은혜를 내려 주시옵소서. 이 가정에 형통과 번성으로 함께하시옵소서. 예수님의 이름으로 기도드립니다. 아멘.

설날 성묘 예배 | **신자의 가정 1**

법도를 듣고, 지켜, 행하면

‖ **묵상기도의 말씀** ‖
"곧 너를 사랑하시고 복을 주사 너를 번성하게 하시되 네게 주리라고 네 조상들에게 맹세하신 땅에서 네 소생에게 은혜를 베푸시며 네 토지 소산과 곡식과 포도주와 기름을 풍성하게 하시고 네 소와 양을 번식하게 하시리니"(신 7:13).

- 찬송가_96장, 451장
- 성경 본문_신명기 7:12-16

말씀의 요약

지금은, 고 ○○○ 님의 산소를 찾아 추모하며 하나님께 예배하게 하셨음에 감사드립니다. 오늘, 우리를 위로하시는 은혜는 하나님의 규례를 지켜 순종하는 삶에 대한 말씀입니다.

1. 소생에게 베풀어지는 복

성도가 하나님의 모든 말씀을 듣고, 지켜, 행하면 소생에게 은혜를 베풀어 주십니다. 하나님께서 사랑하시고 복을 주셔서 번성케 하십니다. 하나님의 말씀을 잘 지킨 사람에게 태의 열매를 열어 주셔서 자손이 번성하게 하시겠다는 말씀입니다. 믿는 사람들의 자녀들과 후손들이 더 잘 되고 행복하게 되기를 원하시는 하나님이십니다.

2. 생업에 나타나는 복

성도가 하나님의 모든 말씀을 듣고, 지켜, 행하면 생업에 복을 주십니다. 하나님께서는 모든 것들을 풍성하게 채워 주시기를 원하십니다. 토지의 소산과 곡식과 포도주와 기름은 우리가 수고하여 풍성하게 되는 것이 아니고, 하나님이 복을 주셔야 합니다. 하나님은 우리가 손으로 하는 모든 생업에 풍성한 복을 주시기를 기뻐하십니다.

3. 질병을 멀리하는 복

성도가 하나님의 모든 말씀을 듣고, 지켜, 행하면 모든 질병을 멀리하게 하십니다. 요즈음 우리들의 최대의 관심은 건강입니다. 그런데 오늘 본문에서는 하나님이 건강도 주신다고 약속하셨습니다. 치유하시는 하나님은 모든 질병을 고쳐 주시고, 더 나아가서 악질이 임하지 않게 막아 주십니다. 이로써 우리는 건강한 삶을 삽니다.

하나님께서 지키라고 명령으로 주신 말씀은 우리에게 더욱 복을 내려 주시기 위함입니다. 그 율례와 법도는 그만큼 우리를 복되게 하고, 하나님의 나라에 마음을 두며, 여호와의 사람으로 살게 합니다.

기도문

사랑의 주 하나님, 저희들이 이곳을 찾아 예배하도록 하셨음에 감사드립니다. 짧은 시간이지만, 영과 진리로 예배하게 하시고, 이 가정에 약속되어 있는 복을 소망하게 하셨음을 즐거워합니다. 여호와로 만족하게 하시옵소서. 예수님의 이름으로 기도드립니다. 아멘.

설날 성묘 예배 | 신자의 가정 2

하나님이 허락하시는 기도

‖ **묵상기도의 말씀** ‖
"서원하여 이르되 만군의 여호와여 만일 주의 여종의 고통을 돌보시고 나를 기억하사 주의 여종을 잊지 아니하시고 주의 여종에게 아들을 주시면 내가 그의 평생에 그를 여호와께 드리고 삭도를 그의 머리에 대지 아니하겠나이다"(삼상 1:11).

- 찬송가_35장, 365장
- 성경 본문_사무엘상 1:9-18

말씀의 요약

설 명절에 고 ○○○ 님의 묘 앞에서 예배하게 하신 여호와께 영광을 드리고, 우리에게 주신 하나님의 말씀을 나누겠습니다. 오늘, 우리를 위로하시는 은혜는 기도하여 응답을 받자는 말씀입니다.

1. 애통하는 기도

한나는 마음이 괴로워 여호와께 기도하고 통곡하였습니다. 그녀는 본 부인의 위치였지만 불임이라는 이유 때문에, 첩인 브닌나의 조롱을 받아 극심한 절망감으로 고통을 받았습니다. 그녀는 자신의 원통한 마음을 그대로 하나님께 토설할 수밖에 달리 방법이 없었습니다. 하나님께서는 고통 중에 괴로워하는 눈물의 기도를 들어주셨습니다.

2. 마음으로 하는 기도

유대인들은 성전에서 기도할 때, 큰 소리로 몸짓을 해가며 기도하였습니다. 그러나 한나는 속으로 기도하였기 때문에 입술만 움직일 뿐 아무 소리도 들리지 않았습니다. 그녀는 자신의 마음을 하나님께 토로하느라 소리가 날 수 없었습니다. 이에, 제사장 엘리는 그녀를 술 취한 자라고 책망하였으나 하나님께서는 그 기도를 들어주셨습니다.

3. 인내하는 기도

한나는 여호와 앞에서 오래 기도하였습니다. 그녀는 순간적이거나 일시적으로 간구하지 않았습니다. 자신의 마음을 여호와 앞에 다 내어놓고 간구하였습니다. 한나의 마음을 하나님께서 받아주시는 확신이 들 때까지 눈물을 흘렸고, 엘리 선지자로부터 축복을 받았습니다. 기도는 하나님께서 응답해 주실 때, 은혜의 역사가 나타납니다.

애통의 기도를 드려보셨습니까? 우리가 애통할 때, 결코 하나님은 외면하지 않고, 자비를 베푸십니다. 마음을 쏟아 전심으로 구한 이들은 응답을 받고, 슬픔이 즐거움으로 변했는데, 이 복을 누리십시오.

기도문

하나님 여호와여, 고 ○○○ 님의 가정을 복되게 하셔서, 이 시간에 성묘하며 예배하게 하셨음에 감사드립니다. 믿음의 자손들이 여호와의 영광을 구하며 살게 하시고, 가정을 위해 언제나 기도하는 은혜를 주시옵소서. 예수님의 이름으로 기도드립니다. 아멘.

설날 성묘 예배 신자의 가정 3

여호와께서 함께 계시니

‖ 묵상기도의 말씀 ‖

"뽕나무 꼭대기에서 걸음 걷는 소리가 들리거든 곧 공격하라 그 때에 여호와가 너보다 앞서 나아가서 블레셋 군대를 치리라 하신지라"(삼하 5:24).

- 찬송가_75장, 434장
- 성경 본문_사무엘하 5:17-25

말씀의 요약

지금은 믿음의 행전을 다 쓰고, 하늘에 계시는 고 ○○○ 님으로 인하여 하나님의 이름을 송축하며, 우리에게 주신 하나님의 말씀을 나누겠습니다. 오늘, 우리를 위로하시는 은혜는 함께하시고, 도우시는 하나님을 소망하는 삶입니다.

1. 강성해지는 은혜

우리는 오늘, 하나님의 함께하심이 주는 복에 대하여 보게 됩니다. 먼저, 하나님께서 함께하시면 점점 강성해 집니다. 다윗은 처음부터 하나님께서 함께하셔서 왕이 되었고, 왕이 된 후에 점점 강성해졌습니다. 하나님께서 함께해주실 때 형통할 수 있지, 그렇지 못할 때는 형통할 수 없습니다. 형통은 하나님의 임재의 증거입니다.

2. 기도하는 은혜

하나님의 함께하심이 주는 복은 기도의 응답으로 나타납니다. 블레셋 사람들의 공격에 그는 하나님께 엎드려, "내가 블레셋 사람에게로 올라가리이까 여호와께서 그들을 내 손에 넘기시겠나이까"라고 기도하였습니다. 그의 기도에 하나님께서는 그들을 이기게 하시겠다고 응답하셨습니다. 그리고 다윗은 블레셋의 군사를 무찔렀습니다.

3. 순종하는 은혜

하나님의 함께하심이 주는 복은 순종에서 열매를 맺게 하십니다. 본문 25절을 봅시다. "이에 다윗이 여호와의 명령대로 행하여 블레셋 사람을 쳐서 게바에서 게셀까지 이르니라"라고 하였습니다. 다윗이 순종하여 블레셋에게로 나아갈 때, 여호와께서 먼저 가서 블레셋 군대를 치셨습니다. 하나님께서 함께해주시니 전쟁에서 이겼습니다.

자녀들에게 최고의 행복은 아버지가 곁에 있고, 지켜줄 때일 것입니다. 하나님은 우리의 곁에 계십니다. 그리고 함께해 주십니다. 여호와를 소망하면서 살아가는 여러분들이 되셔야 합니다.

기도문

> 복의 근원이 되시는 하나님, 추운 바람을 견디며, 예배한 고 ○○○ 님의 자손들을 축복합니다. 여호와를 바라면서 한 해를 시작하는 가족들에게 신령한 복을 내려 주시옵소서. 여호와께서 함께하시는 걸음이 되게 하시옵소서. 예수님의 이름으로 기도드립니다. 아멘.

설날 성묘 예배 | 신자의 가정 4

하나님의 응답으로 사는 사람

|| **묵상기도의 말씀** ||
"나의 하나님이 이미 그의 천사를 보내어 사자들의 입을 봉하셨으므로 사자들이 나를 상해하지 못하였사오니 이는 나의 무죄함이 그 앞에 명백함이오며 또 왕이여 나는 왕에게도 해를 끼치지 아니하였나이다 하니라" (단 6:22).

- 찬송가_95장, 401장
- 성경 본문_다니엘 6:19-28

말씀의 요약

고 ○○○ 님께서 영원한 집에 계심을 즐거워하여 그가 남기신 몸이 있는 이곳에서 하나님께 예배하는 이 시간에, 우리를 위로하시는 은혜는 하나님의 응답으로 사는 사람이 되자는 것입니다.

1. 기도하는 사람이 응답을 받음

느부갓네살 왕의 조서는 30일 동안 누구든지 왕 이외의 다른 신에게 기도하면 사자 굴에 집어넣는다는 것이었습니다. 그러나 다니엘은 이를 알고도 전에 행했던 대로 기도하였습니다. 결국 사자 굴에 던져졌는데, 굴에서도 기도하였습니다. 그러자 하나님께서 사자들의 입을 막으셨습니다. 하나님의 응답은 기도하는 사람들의 것입니다.

2. 확신의 믿음에 응답을 받음

본문 23절을 보니, "왕이 심히 기뻐서 명하여 다니엘을 굴에서 올리라 하매 그들이 다니엘을 굴에서 올린즉 그 몸이 조금도 상하지 아니하였으니 이는 그가 자기 하나님을 의뢰함이었더라"라고 하였습니다. 다니엘은 하나님께서 사자들에게서 구해주심을 의심하지 않았습니다. 하나님의 응답은 확신이 있는 믿음의 사람들의 것입니다.

3. 하나님께 합하였을 때 응답을 받음

하나님 마음에 합한 사람은 꼭 응답받습니다. 그것은 그 응답을 통해서 하나님은 영광을 거두시고, 믿음의 사람에게는 승리의 면류관을 씌어주시기 위함입니다. 음흉하고 자신의 유익을 추구하는 사람은 하나님의 마음에 합할 수 없습니다. 하나님께 대하여 선한 사람, 신실한 사람, 정직한 사람에게 하나님이 함께해주십니다.

다니엘은 절체절명의 위기에서도 기도하였습니다. 우리에게 보여준대로 그의 기도는 순간적이거나 즉흥적이지 않고, 습관적이었음에 주목해야 합니다. 거룩한 사람에게는 거룩한 삶의 습관이 있습니다.

기도문

생명의 주 여호와여, 여호와의 가정으로 삼아주신 저희 가족을 축복합니다. 우리 식구들에게도 다니엘처럼 여호와 앞에서 경건한 자의 삶을 살게 하시옵소서. 사탄의 대적도 물리치는 능력이 있는 경건을 주시옵소서. 예수님의 이름으로 기도드립니다. 아멘.

설날 성묘 예배 　 신자의 가정 5

언제나 온유하라

‖ 묵상기도의 말씀 ‖
"잠시 후에는 악인이 없어지리니 네가 그 곳을 자세히 살필지라도 없으리로다 그러나 온유한 자들은 땅을 차지하며 풍성한 화평으로 즐거워하리로다"(시 37:10-11).

• 찬송가_40장, 219장
• 성경 본문_마태복음 5:5

말씀의 요약

고 ○○○ 님을 아버지의 품으로 받아주셔서, 영원한 안식을 누리게 하신 하나님께 감사하여 예배하는 지금, 우리에게 주신 생명의 말씀을 나누겠습니다. 오늘, 우리를 위로하시는 은혜는 여호와 앞에서 언제나 온유하라는 말씀입니다.

1. 예수님의 온유
온유하다는 말은 예수님의 마음을 가리킵니다. 하나님이신 주님께서 사람의 모양으로 이 세상에 오셔서 죽으신 것은 그의 온유하심과 겸손을 가리킵니다. 예수님은 제자들에게 "나는 마음이 온유하고 겸손하니 내 멍에를 메고 나를 배우라"고 하셨습니다. 우리는 예수님의 뒤를 잇는 후사이므로 온유하신 주님의 마음을 품어야 합니다.

2. 부족을 아는 사람
하나님 앞에서 자신의 부족함을 아는 사람이 온유합니다. 우리는 하늘로부터 온유함의 은혜를 받아야 합니다. 하나님이 없는 사람은 자신이 부족하다고 말하지 않습니다. 예수님의 은혜가 없으면 자신을 으스대기 마련입니다. 자신의 부족함을 모르는 사람은 온유한 마음을 가질 수 없습니다. 하나님의 은혜로 부족함을 깨달아야 합니다.

3. 죄에 대한 두려움

성도가 하나님 앞에서 온유할 때, 죄의 두려움을 깨닫습니다. 우리의 온유는 사람들에게 나타나기 전에, 하나님을 향해서 보여져야 합니다. 온유한 마음 안에는 죄가 거처할 자리가 없습니다. 죄를 늘 경계하고 두려워하기 때문입니다. 복 있는 사람은 악인의 꾀를 따르지 않고, 죄인의 길에 서지 않고, 오만한 자의 자리에 앉지 않습니다.

성도는 자신의 삶을 여호와께 맡기고, 그를 의지하며 살아야 합니다. 하나님께서 인도하실 것을 믿을 때, 마음이 너그러워집니다. 그리고 하나님을 향한 신뢰에서 이웃에 대하여 온유함이 나타납니다.

기도문

> 좋으신 우리 하나님, 하나님을 사랑하는 가족들이 더욱 더 주님을 따르게 하시옵소서. 주님의 발자취를 따름에서 온유함의 은혜를 입게 하시옵소서. 지금, 영과 진리로 예배할 때, 성령님의 충만하심을 보게 하시옵소서. 예수님의 이름으로 기도드립니다. 아멘.

설날 성묘 예배 | **신자의 가정 6**

우리를 구속하신 예수님

‖ **묵상기도의 말씀** ‖
"그가 우리를 흑암의 권세에서 건져내사 그의 사랑의 아들의 나라로 옮기셨으니 그 아들 안에서 우리가 속량 곧 죄 사함을 얻었도다"(골 1:13-14).

• 찬송가_14장, 285장
• 성경 본문_골로새서 1:13-22

말씀의 요약

우리에게 믿음의 삶에 대한 교훈을 보이시고, 지금은 천국에 계시는 고 ○○○ 님을 추모하면서, 하나님께 영광을 드리는 이 시간에, 우리에게 주신 생명의 말씀을 나누겠습니다. 오늘, 우리를 위로하시는 은혜는 예수님을 구속의 주로 모시고 사는 삶입니다.

1. 구속의 은혜

하나님의 우리를 향한 은혜는 예수님을 통한 구원하심으로 나타났습니다. 그 구원의 구체적인 내용은 흑암의 권세에서 그의 사랑의 아들의 나라로 옮기신 것입니다. 성도들은 하나님의 사랑으로 세상에 오신 예수님의 은혜에 의해서 구원을 받은 사람들입니다. 성도는 예수님의 은혜로 하나님의 아들이라는 신분을 얻었습니다.

2. 보이지 않으시는 하나님

우리를 구속하신 예수님은 어떤 분이십니까? 바울은 본문에서 예수님을 소개할 때에 '그'라는 말을 많이 사용했습니다. 예수님은 보이지 아니하시는 하나님의 의, 선, 지혜, 권능 등을 우리에게 나타내신 분이십니다. 바울은 예수님을 가리켜서 '몸 된 교회의 머리'라고 했습니다. 교회는 예수님과 생명의 유기적 연합을 갖습니다.

3. 성도의 근본

예수님은 우리의 근본이 되시고, 교회의 근본이 되십니다. 왜냐하면 예수님은 사망을 이기시고 부활하심으로 만물의 으뜸이 되시며 신성의 모든 충만이 그 안에 거하시고, 특별히 십자가의 보혈로 구속사역을 성취하셨기 때문입니다. 창조자이신 예수님께서 십자가에서 피를 흘리심으로 우리를 구속하셨으니 은혜의 구속입니다.

우리의 믿음의 근거는 누구입니까? 우리 주님께서 죄의 대속물로 자신을 내어주시고, 구주가 되셨다는 사실입니다. 하나님을 아버지로 섬긴다고 할 때, 예수님을 나의 구주로 믿으시기 바랍니다.

기도문

> 기도를 들으시는 여호와여, 예수님을 구주로 믿으시다가 하나님의 품으로 가신 고 ○○○ 님을 기억합니다. 이제, 후손들이 고인의 믿음을 따르게 하시고, 참 기쁜 마음으로 십자가를 지고 가기를 사모하는 은혜를 주시옵소서. 예수님의 이름으로 기도드립니다. 아멘.

설날 성묘 예배 | 신자의 가정 7

사람을 변화시키는 복음

‖ **묵상기도의 말씀** ‖
"그가 전에는 네게 무익하였으나 이제는 나와 네게 유익하므로 네게 그를 돌려 보내노니 그는 내 심복이라" (몬 1:11-12).

- 찬송가_29장, 198장
- 성경 본문_빌레몬서 1:11-16

말씀의 요약

지금은 신앙의 본이 되신 고 ○○○ 님을 기억하면서, 그분과의 삶을 나누게 하신 여호와의 이름을 높이는 시간에, 우리에게 주신 말씀의 은혜를 나누겠습니다. 오늘, 우리를 위로하시는 은혜는 복음의 능력을 깨달아 복음으로 살자는 말씀입니다.

1. 무익함에서 유익함으로

바울은 본래 포악무도한 사람이었습니다. 그러던 그가 예수님을 만남으로 변화하여 새사람이 되었습니다. 오네시모도 바울을 통해 예수님을 만난 후에 변하여 새사람이 되었습니다. 그의 가치관이 달라졌습니다. 전에는 주인에게 무익한 사람이었으나 이제는 바울과 주인에게 모두 유익한 사람이 되었습니다.

2. 영광스러운 변화

오네시모는 그의 신분이 달라지는 은혜를 경험하게 되었습니다(16

절). 전에는 종이었으나 이제는 사랑 받는 형제가 된 것입니다. 나아가 그는 잠시 주인을 떠났으나 예수님을 만나 변화되어 주인이 그를 영원히 두게 되는 관계가 형성되었습니다. 예수 그리스도의 복음은 미움 받던 사람을 사랑 받는 형제로 변화시킵니다.

3. 계속되는 변화의 기적

예수님은 오늘날도 사람들을 변화시키십니다. 물을 포도주로 변화시키신 것과 같이 죄인을 의인으로 변화시키시고, 하나님의 진노의 대상이었던 존재를 그의 사랑하는 자녀로 변화시키심으로 하나님과 사람에게 모두 유익한 존재가 되게 하십니다. 그리하여 전에는 없어야만 했던 사람이 이제는 없어서는 안 될 인물이 됩니다.

오네시모의 마음과 생각을 바꾼 것은 복음입니다. 이 복음은 바울을 바꾸더니 오네시모도 다른 사람이 되게 하였습니다. 우리도 복음으로 변화되기를 소망해서 하나님의 사람이 되어야 합니다.

기도문

하늘에 계신 하나님, 고 ○○○ 님을 저희들에게 신앙의 본으로 주셨음에 감사드립니다. 그 일생의 삶이 하나님을 영화롭게 해드렸던 모습을 가족들과 자손들이 잇는 복을 누리게 하시옵소서. 복음의 능력으로 살게 하시옵소서. 예수님의 이름으로 기도드립니다. 아멘.

설날 성묘 예배 | **불신자의 가정 1**

여호와께 드리는 소제

‖ 묵상기도의 말씀 ‖
"아론의 자손 제사장들에게로 가져갈 것이요 제사장은 그 고운 가루 한 움큼과 기름과 그 모든 유향을 가져다가 기념물로 제단 위에서 불사를지니 이는 화제라 여호와께 향기로운 냄새니라" (레 2:2).

- 찬송가_33장, 216장
- 성경 본문_레위기 2:1-6

말씀의 요약

우리 다같이 ○○○ 님의 어르신이신 고 ○○○ 님을 추모하면서, 하나님께서 이 가정에 복을 주시기로 예비하시고 주신 말씀을 나누도록 하겠습니다. 오늘, 우리를 위로하시는 은혜는 우리 자신이 하나님께 제물이 되어야 한다는 말씀입니다.

1. 소제를 드리는 방법

본문 1절을 보니, "누구든지 소제의 예물을 여호와께 드리려거든 고운 가루로 예물을 삼아"라고 하였습니다. 소제의 예물은 고운 가루를 만들어 드리는 것으로서 볶은 것이든, 날 것이든 찧어 가지고 고운 가루를 만들어야 합니다. 이때, 첫 이삭을 여호와께 소제로 드리라고 하셨습니다. 가장 소중하고 첫째 되는 것을 드려야 하였습니다.

2. 기름과 유향

본문 1절에서 끝부분에, "그 위에 기름을 붓고 또 그 위에 유향을 놓아"라고 하였습니다. 소제의 예물에 기름과 유향을 섞어야 하였는데, 기름은 성령님의 임재를 상징합니다. 또한 유향은 성도의 기도를 가리키고, 향기로운 성도의 삶을 의미합니다. 소제의 예물에는 성령님의 임재와 기도가 따라야 합니다.

3. 넣지 말아야 할 것

본문 11절을 함께 봅시다. "너희가 여호와께 드리는 모든 소제물에는 누룩을 넣지 말지니 너희가 누룩이나 꿀을 여호와께 화제로 드려 사르지 못할지니라." 소제의 예물에는 누룩과 꿀을 넣어서는 안 됩니다. 누룩은 발효되는 성질이기 때문에 죄의 전염성과 부패를 상징합니다. 꿀은 달콤한 것인데 쾌락을 의미하기 때문입니다.

하나님께 예물을 드리는 것은 자신을 드리는 것을 의미합니다. 자신을 찢는 심정이 되어 하나님께서 받으시도록 드리는 것입니다. 여호와께서 기뻐 받으시는 제물의 삶이 되시기를 축복합니다.

기도문

전지전능하신 하나님, 고 ○○○ 님을 추모하는 귀한 가정에 복을 내려 주시옵소서. 하나님께 드림이 되는 제물의 삶을 살고자 기도하시는 ○○○ 님과 이 가정이 하나님 앞에서나 사람들 앞에서 존귀하게 하시옵소서. 예수님의 이름으로 기도드립니다. 아멘.

설날 성묘 예배 | 불신자의 가정 2

책망을 받은 사람들

‖ 묵상기도의 말씀 ‖
"여호와께서 이스라엘 자손에게 이르시되 내가 애굽 사람과 아모리 사람과 암몬 자손과 블레셋 사람에게서 너희를 구원하지 아니하였느냐"(삿 10:11).

- 찬송가_22장, 424장
- 성경 본문_사사기 10:10-13

말씀의 요약

이 시간에, 고 ○○○ 님을 추모하면서 여호와의 은혜에 감사드리고, 그의 후손들이 주님의 이름으로 모여 예배할 때, 이 가정에 주신 말씀을 함께 나누도록 하겠습니다. 오늘, 우리를 위로하시는 은혜는 하나님의 은혜가 떠나는 것에 대한 경계의 말씀입니다.

1. 구원의 감격 상실

하나님은 이스라엘 백성들의 구원자이십니다. 그들이 애굽에서 신음하고 있을 때 구원해 주셨고, 광야에서 이방 족속들로부터 구해 주셨습니다. 그런데도 그들은 구원의 감격을 잃어버리고 있었습니다. 본문 11절에, "내가 애굽 사람과 아모리 사람과 암몬 자손과 블레셋 사람에게서 너희를 구원하지 아니하였느냐?"라고 하셨습니다.

2. 하나님의 응답 상실

이스라엘 백성들이 광야에서 경험한 하나님은 기도에 응답해 주시는 분이셨습니다. 그러나 그들은 응답해 주시는 하나님의 은혜를 잊었습니다. 본문 12절에서, "너희가 내게 부르짖으므로 내가 너희를 그들의 손에서 구원하였거늘"이라고 하셨습니다. 이스라엘의 부르짖음을 듣고 가나안 족속의 손에서 구원하였음을 상기시켜 주셨습니다.

3. 헛된 우상을 섬김

본문 13절을 봅시다. "너희가 나를 버리고 다른 신들을 섬기니 그러므로 내가 다시는 너희를 구원하지 아니하리라." 그들이 구원자 하나님을 잊고, 우상을 섬기는 죄악을 나무라신 것입니다. 이 말씀은 우상을 왜 의지하느냐, 우상이 헛된 것임을 깨닫지 못하느냐는 책망입니다. 이스라엘 백성들의 구원은 오직 하나님께만 있습니다.

성도가 하나님을 멀리하게 되는 근본적인 원인은 구원의 감격을 상실하는 데 있습니다. 우리는 아침마다, 하나님의 은혜를 새롭게 해야 합니다. 그때, 기도가 풍성해지고, 은혜의 체험이 넘치게 됩니다.

기도문

> 복의 문을 여시는 여호와여, 하나님의 사랑에 감사하며, 오늘, 고 ○○○ 님을 추모하는 가족들에게 하나님의 풍성하심을 잊지 않게 하시옵소서. 주님의 보혈로 구원 받았음에 그 사랑에 늘 감격하게 하시옵소서. 예수님의 이름으로 기도드립니다. 아멘.

설날 성묘 예배 | 불신자의 가정 3

이스라엘에 계신 하나님

‖ 묵상기도의 말씀 ‖
"여호와의 사자가 디셉 사람 엘리야에게 이르되 너는 일어나 올라가서 사마리아 왕의 사자를 만나 그에게 이르기를 이스라엘에 하나님이 없어서 너희가 에그론의 신 바알세붑에게 물으러 가느냐"(왕하 1:3).

• 찬송가_93장, 400장
• 성경 본문_열왕기하 1:1-8

말씀의 요약

나그네의 삶을 아름답게 사셨던 고 ○○○ 님을 추모하는 가족들이 여호와께 합당한 영광을 드리는 지금, 우리를 위로하시는 은혜는 하나님이 우리의 구원이 되심을 바라는 삶입니다.

1. 신을 찾는 마음
오늘의 말씀에서 은혜를 받는 교훈이 있는데, 첫째는 사람에게 하나님을 찾는 종교성이 있다는 것입니다. 아하시야는 병들어 죽게 되자, 그 두려움으로 바알세붑에게 물으려 하였습니다. 바알세붑은 우상인데, 그를 찾아서 자신의 병이 어떻게 될지를 물었습니다. 그는 하나님을 찾아야 하는 종교성을 우상을 찾는 데 사용했습니다.

2. 우상을 섬기지 말라
오늘의 말씀에서 은혜를 받는 둘째 교훈은 거짓 신에 불과한 우상을 섬겨서는 안 된다는 것입니다. 여호와의 사자가 엘리야에게 나타나 아하시야를 책망하도록 하였습니다. 여호와의 사자는 그가 침상에서 내려오지 못하고 죽는다고 하였습니다. 만일, 아하시야가 바알세붑을 버리고 하나님을 찾았다면 살 소망이 생겼을 것입니다.

3. 하나님이시다!

오늘의 말씀에서 은혜를 받는 셋째 교훈은 우리가 섬겨야 하고, 도움을 요청할 분은 오직 하나님이시라는 것입니다. 아하시야의 죽음은 하나님을 섬기지 않고 우상을 섬긴 죄의 대가였습니다. 물론, 이 죽음은 영육 간에 아울러 모조리 죽는 것을 가리킵니다. 하나님만 섬겨야 생명의 복을 누리고, 땅에서도 흥하는 복을 받습니다.

사람에게 있는 하나님의 형상은 하나님을 찾도록 합니다. 하나님을 알지 못하니까 우상을 하나님으로 섬기는 것입니다. 하나님을 바로 알고, 바로 믿게 하셨음에 감사하는 우리들이 되어야 합니다.

기도문

> 만족하게 하시는 하나님, 고 ○○○ 님의 묘소를 찾은 지금, 복을 내려 주시옵소서. 고인을 회상하면서 하나님께 영광을 드릴 때, 성령님의 충만하심을 경험하게 하시옵소서. 이스라엘의 하나님께서 오늘은 여기에 계심을 믿습니다, 예수님의 이름으로 기도드립니다. 아멘.

설날 성묘 예배 **불신자의 가정 4**

손바닥에 새기시는 하나님

‖ 묵상기도의 말씀 ‖
"여인이 어찌 그 젖 먹는 자식을 잊겠으며 자기 태에서 난 아들을 긍휼히 여기지 않겠느냐 그들은 혹시 잊을지라도 나는 너를 잊지 아니할 것이라"(사 49:15).

- 찬송가_74장, 375장
- 성경 본문_이사야 49:14-17

말씀의 요약

우리 함께 고 ○○○ 님을 추모하는 자리가 하나님께 영광이 되기를 소망하며, 고인의 자손들과 우리 모두에게 주시는 하나님의 말씀을 듣겠습니다. 오늘, 우리를 위로하시는 은혜는 우리가 하나님의 손바닥에 새겨졌다는 것입니다.

1. 소망의 음성

본문 15절에 보니, 여인이 젖 먹는 자식을 잊지 못함과 같이 하나님께서는 이스라엘 백성들을 잊지 않으신다고 하셨습니다. 하나님은 결코 이스라엘 백성들을 잊으신 적이 없으십니다. 그들을 향하신 하나님의 사랑을 손바닥에 새겼다는 비유의 말씀으로 확인시켜 주셨습니다. 이 말씀은 이스라엘 백성들에게 소망의 음성이 되었습니다.

2. 사랑의 확증

하나님께서 이스라엘 백성들을 손바닥에 새겼다는 것은 하나님의 편에서 그들을 사랑하신다는 확증입니다. 손바닥에 새겨진 것은 결코 지워지지 않습니다. 어떤 경우에도 남아 있습니다. 이스라엘 백성들을 지키시는 하나님의 사랑은 그의 손바닥에 있습니다. 그래서 언제나 가장 귀한 곳에 그들을 간직하고 계시다는 의미입니다.

3. 하나님께 쓰여짐

본문 16절에서, "너의 성막이 항상 내 앞에 있나니"라고 하셨습니다. 성막은 하나님을 만나는 곳입니다. 성막을 통해서 하나님은 이스라엘 백성들을 받아주셨습니다. 이스라엘 백성들을 손바닥에 새겼다 함은 하나님의 손으로 잡고, 쓰시겠다는 의미의 표현입니다. 토기장이의 손에 있는 진흙은 토기장이에게 쓰임을 받습니다.

우리를 하나님의 자녀로 삼아주시고, 그 사랑으로 손바닥에 새겨주셨음에 감사드립시다. 우리가 늘 여호와 앞에 있도록 보호해주시는 하나님이십니다. 하나님의 은혜에 감격하시기를 축복합니다.

기도문

> 존귀하게 하시는 여호와여, 고 ○○○ 님의 후손들이 하나님의 사랑이 되게 하셨음에 감사드립니다. 주님의 이름을 부르던 날부터 저희들을 하나님의 손바닥에 새기셨음에 감사드리며 살아가게 하시옵소서. 예수님의 이름으로 기도드립니다. 아멘.

설날 성묘 예배 | 불신자의 가정 5

의에 주리고 목마르라

‖ **묵상기도의 말씀** ‖
"사람아 주께서 선한 것이 무엇임을 네게 보이셨나니 여호와께서 네게 구하시는 것은 오직 정의를 행하며 인자를 사랑하며 겸손하게 네 하나님과 함께 행하는 것이 아니냐"(미 6:8).

- 찬송가_96장, 425장
- 성경 본문_마태복음 5:6

말씀의 요약

고 ○○○ 님을 추억하는 이 시간에 후손들이 생전 고인의 유업을 따르기로 다짐하며 하나님께 예배할 때, 우리에게 주시는 영생의 말씀을 나누겠습니다. 오늘, 우리를 위로하시는 은혜는 하늘의 의를 소망하는 삶입니다.

1. 하나님의 자녀가 되는 조건

성도는 의로 하나님의 자녀가 된 신분입니다. 우리에게 영원히 의가 되시는 예수님의 보혈로 죄 씻음을 받고, 하나님의 친 백성이 된 것입니다. 예수님으로 인한 의는 천국민의 필수적인 조건입니다. 그러므로 우리는 의에 주리고, 목이 마름으로써 예수님을 사모해야 합니다. 주리고 목마름으로 예수님을 사모하시기 바랍니다.

2. 하나님의 요구

하나님은 우리가 의를 추구하기를 바라십니다. 하나님은 완전하신 분이시므로 그 분이 우리에게 요구하시는 의는 완전한 의입니다. 하나님은 거룩하신 분이시기 때문에 하나님이 우리에게 구하시는 의는 온전히 거룩한 의입니다. 우리가 의에 주리고 목이 말라서 하나님의 의를 먹고, 마시게 된다면 다시는 주리지 않습니다.

3. 배부름의 복

하나님께서 우리에게 의에 주리기를 바라심은, 목이 마르기를 바라심은 우리로 하여금 배부르게 해주시려는 데 있습니다. 예수님 안에서 의를 먹고 마신다면, 결코 다시는 주리거나 목마르지 않습니다. 배가 부르기 때문입니다. 하나님은 이런 의를 준비하시고 의에 주리고 목마른 자들에게 더욱 더 풍성한 의를 주십니다.

세상 사는 동안에 먹고, 마시는 것에만 마음을 써온 죄를 고백해야 합니다. 자신에게 유익이 된다면 그것을 얻으려 애썼던 죄를 고백해야 합니다. 하나님의 의를 추구하지 못한 죄도 고백합시다.

기도문

> 왕의 왕이신 하나님, 고 ○○○ 님은 저희들에게 감사한 분이셨습니다. 저희들이 고인을 만나 살아온 것은 하나님의 은혜였습니다. 그 은혜를 기억하며, 여호와의 사람으로 살아가기를 결단하게 하시옵소서. 예수님의 이름으로 기도드립니다. 아멘.

설날 성묘 예배 | 불신자의 가정 6

성도의 비전

‖ 묵상기도의 말씀 ‖
"그의 영광의 힘을 따라 모든 능력으로 능하게 하시며 기쁨으로 모든 견딤과 오래 참음에 이르게 하시고 우리로 하여금 빛 가운데서 성도의 기업의 부분을 얻기에 합당하게 하신 아버지께 감사하게 하시기를 원하노라"(골 1:11-12).

- 찬송가_10장, 540장
- 성경 본문_골로새서 1:9-12

말씀의 요약

자녀들에게 좋은 부모의 자리를 지키셨던 고 ○○○ 님을 추억하며, 하나님께 예배할 때, 우리에게 주시는 복된 말씀을 나누겠습니다. 오늘, 우리를 위로하시는 은혜는 성숙된 삶의 말씀입니다.

1. 영적인 성장

바울은 골로새 성도들의 성장을 보기를 원하였습니다. 그래서 그는 그들을 위하여 중보하였습니다. "모든 신령한 지혜와 총명에 하나님의 뜻을 아는 것으로 채우게 하시고"라고 간구하였습니다. 하나님의 뜻을 알려면 성령으로 말미암은 지혜와 총명이 필요하기 때문입니다. 우리가 당하는 모든 일에는 다 하나님의 뜻이 있습니다.

2. 선한 행실의 열매

바울은 그들이 더욱 영적으로 성장하기를 기도하였습니다. "주께 합당히 행하여 범사에 기쁘시게 하고 모든 선한 일에 열매를 맺게 하시며 하나님을 아는 것에 자라게 하시고"라고 빌었습니다. 하나님을 기쁘시게 하려면 선한 일에 열매를 맺어야 합니다. 또한 열매를 맺을수록 우리는 하나님을 아는 것에 더욱 자라게 됩니다.

3. 오래 참음의 은혜

바울의 간구에는 '하시고'라는 말로 풍성한 사랑을 나타내었습니다. "그의 영광의 힘을 따라 모든 능력으로 능하게 하시며 기쁨으로 모든 견딤과 오래 참음에 이르게 하시고"라고 하였습니다. 우리는 기쁨으로 모든 견딤과 오래 참음에 이르러야 합니다. 환난과 고난에 좌절하지 말고 견디어 가는 것이 하나님을 기쁘시게 합니다.

천국의 백성들에게는 하나님의 나라를 향한 소망이 있어야 합니다. 이 땅에서 사는 동안에 믿음과 소망, 사랑에서 자라가며, 주님께서 기대하시는 열매를 맺어드려야 합니다. 선한 행실을 바라야 합니다.

기도문

> 소원을 이루시는 여호와여, 고 ○○○ 님을 추모하는 자리에서 하늘의 은혜를 맛보게 하셨음에 감사드립니다. 아이들에게 지혜와 육체의 성장이 있듯이, 저희들도 하나님의 사람으로 성숙해 가는 은혜를 즐기게 하시옵소서. 예수님의 이름으로 기도드립니다. 아멘.

설날 성묘 예배 | **불신자의 가정 7**

주를 위하여 순종하라

∥ **묵상기도의 말씀** ∥
"너희는 자유가 있으나 그 자유로 악을 가리는 데 쓰지 말고 오직 하나님의 종과 같이 하라 뭇 사람을 공경하며 형제를 사랑하며 하나님을 두려워하며 왕을 존대하라"(벧전 2:16-17).

- 찬송가_67장, 549장
- 성경 본문_베드로전서 2:13-17

말씀의 요약

명절이 되면 더욱 기억되어, 고 ○○○ 님의 자녀와 손자들, 일가친지들이 한 자리에 모여 고인을 회상하고, 여호와께 감사드릴 때, 우리에게 주시는 은혜의 말씀을 나누겠습니다. 오늘, 우리를 위로하시는 은혜는 오직 여호와의 뜻에 순종하는 삶입니다.

1. 사람의 제도

우리가 사는 땅에는 제도가 있습니다. 사회적으로, 정치적으로 제도가 있어서 질서를 유지하게 됩니다. 본문 13절에 의하면, "인간의 모든 제도를 주를 위하여 순종하되"라고 하였습니다. 이 말씀의 의미는 땅 위에 있는 제도를 하나님께서 인정하셨다는 것입니다. 하나님께서는 정치적으로 사람을 세우셔서 세상을 다스리십니다.

2. 착한 일에의 도전

우리는 하나님의 형상으로 지음을 받았기 때문에 착하게 산다거나 착한 일을 하려는 의지를 갖고 있습니다. 그러므로 성령님의 충만하심은 우리에게 착하게 살도록 이끌어 주십니다. 하나님은 성도가 착한 일을 하면서 살기를 바라십니다. 본문 15절에서, "곧 선행으로 어리석은 사람들의 무식한 말을 막으시는 것이라" 하였습니다.

3. 존경해야 될 이웃

인간관계에서 우리는 다른 사람을 존경해야 합니다. 우리가 남을 존경할 때, 하나님의 의를 이룹니다. 존경하는 그 행위가 하나님을 경외하는 것으로 이어지기 때문입니다. 그러므로 본문 17절에서, "뭇 사람을 공경하며 형제를 사랑하며 하나님을 두려워하며 왕을 존대하라"라고 하셨습니다. 이웃을 존경하며 사시기 바랍니다.

하나님께서 우리에게 자유의지를 주심은 우리 스스로 책임이 있는 존재가 되라 하심입니다. 우리의 인격을 존중하시는 하나님의 섭리이기도 합니다. 나의 의지를 착한 일에 도모하시기를 축복합니다.

기도문

> 위로해 주시는 하나님, 고 ○○○ 님의 묘소에서 하나님을 향하여 새로운 결단을 하게 하셨음에 감사드립니다. 생각과 말, 행동으로 여호와를 기쁘시게 해드리고, 선한 삶의 열매를 맺는 거룩함을 추구하게 하시옵소서. 예수님의 이름으로 기도드립니다. 아멘.

한식 성묘 예배 신자의 가정 1

네 부모를 공경하라

‖ **묵상기도의 말씀** ‖
"자녀들아 모든 일에 부모에게 순종하라 이는 주 안에서 기쁘게 하는 것이니라 아비들아 너희 자녀를 노엽게 하지 말지니 낙심할까 함이라" (골 3:20-21).

• 찬송가_9장, 555장
• 성경 본문_출애굽기 20:12

말씀의 요약

오늘, 한식을 맞이해서 고 ○○○ 님의 묘를 찾아 하나님께 예배하게 하셨음에 감사드리며, 우리에게 주신 하나님의 말씀을 나누겠습니다. 오늘, 우리를 위로하시는 은혜는 부모를 공경하는 삶의 말씀입니다.

1. 부모와 자녀

하나님께서 사람에게 주신 부부 관계 다음 중요한 관계는 부모와 자녀의 관계입니다. 자녀에게 있어서 부모는 그의 근본이고, 존경과 권위의 대상입니다. 자녀의 힘은 부모에게서 나오므로 만일 부모가 자녀에게 권위가 없으며, 존경을 받지 못한다면, 그만큼 자녀는 불행합니다. 자녀는 부모로부터 주의 교양과 훈계로 양육 받아야 합니다.

2. 하나님께서 세우신 질서

부모가 계시기에 자녀가 이 땅에서 살아갑니다. 때로 사람은 어리석어 부모가 죽은 후에야 그 소중함을 깨닫습니다. 부모는 내가 선택하지 않고, 하나님께서 예비해 주셨다는 사실에서 자녀는 부모의 위치를 침범해서는 안 됩니다. 그것은 하나님이 세우신 질서입니다. 자녀는 부모에게 여호와의 주신 기업으로서의 역할을 지켜야 합니다.

3. 하나님의 복

부모를 공경하라는 하나님의 명령에는 이 땅에서 잘 되고 장수할 것이 약속되어 있습니다. "네 아버지와 어머니를 공경하라 이것은 약속이 있는 첫 계명이니 이로써 네가 잘되고 땅에서 장수하리라." 자녀는 부모 공경에 열심을 다해야 합니다. 부모를 공경하지 않는 사람은 아무리 잘 살아도 성공했다고 할 수 없습니다.

부모는 누구입니까? 하나님께서 자기의 어린 백성들을 키우기 위해서 세우신 양육자입니다. 우리는 부모를 대할 때, 하나님을 대하듯 해야 합니다. 부모를 공경하여 하나님께 이르시기를 축복합니다.

기도문

사랑의 주 하나님, 고 ○○○ 님의 추모를 예배로 받으시는 하나님께 감사와 영광을 드립니다. 누구에게나 부모를 허락하시고, 그의 수고와 사랑으로 자라게 하신 하나님의 경륜을 새롭게 깨닫게 하시옵소서. 예수님의 이름으로 기도드립니다. 아멘.

한식 성묘 예배 | 신자의 가정 2

축복을 받은 세 지파

‖ 묵상기도의 말씀 ‖
"이제는 너희의 하나님 여호와께서 이미 말씀하신 대로 너희 형제에게 안식을 주셨으니 그런즉 이제 너희는 여호와의 종 모세가 요단 저쪽에서 너희에게 준 소유지로 가서 너희의 장막으로 돌아가되"(수 22:4).

- 찬송가_27장, 548장
- 성경 본문_여호수아 22:1-6

말씀의 요약

한식에 고 ○○○ 님의 묘소를 돌아보는 은혜에 감사하고, 예배하게 하신 여호와께 영광을 드립니다. 오늘, 우리를 위로하시는 은혜는 하나님께 신실한 삶에 대한 약속입니다.

1. 신실함의 은혜

르우벤과 갓, 므낫세 반 지파는 이스라엘 백성들이 전쟁을 할 때, 함께 참여해서 이기도록 하였습니다. 그들은 각 지파들이 분배받은 땅을 정복하러 나갈 때, 앞에서 싸웠습니다. 세 지파는 아주 오랜 기간을 가족들과 작별한 채, 약속 이행에 전념했던 것입니다. 이로써 여호수아는 그들의 신실함을 칭찬하고 축복하였습니다.

2. 희생하는 자비의 은혜

본문 3절을 보니, "오래도록", "형제를 떠나지 아니하고" 책임을 지켰다고 하였습니다. 그들 세 지파에게는 자기들의 동족을 위하는 희생 정신이 있었음을 보여줍니다. 그들은 7년 동안 자신들의 생명을 돌아보지 않고 용감히 전투에 참여하였습니다. 그들은 자기 지파를 돌아보지 아니하고 다른 지파들과 동고동락했던 것입니다.

3. 끝까지 충성하는 은혜

여호수아는 그들에게, "너희 형제에게 안식을 주셨으니"라고 하면서 "너희의 장막으로 돌아가라"고 하였습니다. 이 말은 가나안 전쟁이 완전히 종결되었으며 따라서 이들의 임무 또한 완벽하게 끝났다는 선포였습니다. 그들 세 지파는 형제 지파들이 완전한 안식을 얻을 때까지 동참하여 칭찬을 받고, 축복을 받았던 것입니다.

하나님께서는 르우벤과 갓, 므낫세 반 지파의 신실하심을 사용하여, 이스라엘 백성들이 가나안을 정복하게 하셨습니다. 여호와의 사람들은 언제나 하나님께 성실하여 쓰임을 받아야 합니다.

기도문

하나님 여호와여, 고 ○○○ 님의 자손들에게 복을 주시옵소서. 오늘, 저희 식구들에게도 여호와께 신실하게 하시옵소서. 하나님을 향한 열심과 충성으로 쓰임을 받는 도구가 되어 영광을 드리게 하시옵소서. 예수님의 이름으로 기도드립니다. 아멘.

| 한식 성묘 예배 | 신자의 가정 3 |

여호와께 즐거운 찬송

‖ **묵상기도의 말씀** ‖
"여호와가 우리 하나님이신 줄 너희는 알지어다 그는 우리를 지으신 이요 우리는 그의 것이니 그의 백성이요 그의 기르시는 양이로다"(시 100:3).

- 찬송가_86장, 428장
- 성경 본문_시편 100:1-5

말씀의 요약

지금은 믿음의 행전을 다 쓰고, 하늘에 계시는 고 ○○○ 님으로 인하여 하나님의 이름을 송축하며, 우리에게 주신 하나님의 말씀을 나누겠습니다. 오늘, 우리를 위로하시는 은혜는 여호와께 즐거운 찬송의 삶입니다.

1. 선하심을 찬송하라

본문 1절에, "온 땅이여 여호와께 즐거운 찬송을 부를지어다"라고 하였습니다. 다윗은 하나님을 생각만 해도 찬송을 부르고 싶어 하였습니다. 다윗에게 하나님은 언제나 선하셨기 때문입니다. 자기를 향하신 하나님의 은혜에 찬송으로 응답하였습니다. 하나님은 좋으신 하나님이십니다. 그 분은 우리를 한 번도 버리신 일이 없습니다.

2. 인자하심을 찬송하라

본문 2절에, "기쁨으로 여호와를 섬기며 노래하면서 그의 앞에 나아갈지어다"라고 하였습니다. 하나님은 다윗에게 영원히 인자하셨습니다. 하나님은 영원 전부터 계시고 지금도 역사하시며, 영원까지 인자하십니다. 하나님의 인자하심은 감사를 불일 듯 일으킬 수 있게 하였습니다. 우리를 향한 하나님의 사랑은 영원하십니다.

3. 성실하심을 찬송하라

본문 4절에, "감사함으로 그의 문에 들어가며 찬송함으로 그의 궁정에 들어가서 그에게 감사하며 그의 이름을 송축할지어다"라고 하였습니다. 다윗에게 하나님은 성실하심이 대대에 미치시는 하나님이셨습니다. 하나님은 자기 백성들에게 신실하십니다. 한 번 약속하신 것은 꼭 지켜서 즐거움을 주십니다.

자녀가 그의 부모에게 감사함을 표현하는 유일한 행동은 부모를 즐거워하는 것입니다. 우리는 하나님의 아낌이 없으신 사랑과 자비에 어떻게 반응해야 합니까? 그를 즐거워하시기 바랍니다.

기도문

복의 근원이 되시는 하나님, 고 ○○○ 님께서 가 계신 천국을 바라보며, 이 자리에 있는 가족들을 축복합니다. 오늘, 예배하는 중에, 여호와의 은혜를 기리게 하시옵소서. 저희들이 부를 만한 찬양과 감사로 즐거워하기 원합니다. 예수님의 이름으로 기도드립니다. 아멘.

한식 성묘 예배 신자의 가정 4

하늘의 문을 여는 은혜

‖ **묵상기도의 말씀** ‖
"만군의 여호와가 이르노라 너희의 온전한 십일조를 창고에 들여 나의 집에 양식이 있게 하고 그것으로 나를 시험하여 내가 하늘 문을 열고 너희에게 복을 쌓을 곳이 없도록 붓지 아니하나 보라"(말 3:10).

- 찬송가_16장, 547장
- 성경 본문_말라기 3:10-12

말씀의 요약

고 ○○○ 님께서 영원한 집에 계심을 즐거워하여 그의 묘소에서 하나님께 예배하는 이 시간에, 우리를 위로하시는 은혜는 하늘로부터 은혜가 임해야 한다는 말씀입니다.

1. 천국으로 들어가는 은혜

하늘의 문이 열리고 성도가 받는 첫째 은혜는 천국에 들어갈 자격을 얻는 것입니다. 하나님께서는 믿음으로 사는 자에게 천국에 들어갈 수 있는 은혜를 주십니다. 천국에 들어가도록 하는 권세는 예수님에게만 있습니다. 주님께서는 예수님을 구주로 영접하고, 하나님을 아버지라고 부르는 사람에게 이 은혜를 주십니다.

2. 문제의 해결을 보는 은혜

하늘의 문이 열리고 성도가 받는 둘째 은혜는 아버지 하나님께 구하는 것입니다. 하나님께서는 사랑하는 자녀에게 기도하도록 하십니다. 하나님의 자녀가 아니면, 하나님의 이름을 부를 수 없습니다. 그에게 요청하는 기도도 할 수 없습니다. 기도는 하나님의 손을 움직이는 은혜입니다. 우리에게는 기도해야 할 일들이 많이 있습니다.

3. 만사형통을 누리는 은혜

하늘의 문이 열리고 성도가 받는 셋째 은혜는 만사형통을 누리는 복입니다. 만사형통의 은혜는 하나님께서 우리에게 주신 최고의 복입니다. 재물의 복과 손을 대어서 하는 일마다 형통을 약속한 은혜입니다. 이 만사형통의 은혜는 하나님을 경외하여 섬기는 데 보상으로 주십니다. 우리는 하나님을 사랑하여 이 복을 누려야겠습니다.

하나님께서 우리를 자녀라 불러주실 때부터 우리에게 주시는 여호와의 복이 있습니다. 하나님은 자기의 백성들에게 복이 되시는 분이시기에, 시험해 보라고까지 하셨습니다. 여호와의 복을 누리십시다.

생명의 주 여호와여, 고 ○○○ 님을 복 되게 하셨던 은총이 저희 자손들에게 이어지게 하시옵소서. 그의 생전에 여호와께 간구했던 복이 저희 세대에 응답되어 형통하고, 번성하여 더욱 많은 것으로 영광을 구하게 하시옵소서. 예수님의 이름으로 기도드립니다. 아멘.

한식 성묘 예배 | **신자의 가정 5**

이웃을 긍휼히 여겨라

‖ **묵상기도의 말씀** ‖
"혹 위로하는 자면 위로하는 일로, 구제하는 자는 성실함으로, 다스리는 자는 부지런함으로, 긍휼을 베푸는 자는 즐거움으로 할 것이니라"(롬 12:8).

- 찬송가_84장, 214장
- 성경 본문_마태복음 5:7

말씀의 요약

고 ○○○ 님을 아버지의 품으로 받아주셔서, 영원한 안식을 누리게 하신 하나님께 감사하여 예배하는 지금, 우리에게 주신 생명의 말씀을 나누겠습니다. 오늘, 우리를 위로하시는 은혜는 이웃을 긍휼히 여겨 옳다 인정받는 삶입니다.

1. 형제를 향한 용서

우리는 하나님의 긍휼로 죄 용서받은 사람들입니다. 성도는 긍휼의 사람으로 이웃에게 다가가야 합니다. 그 긍휼을 통해서 자신이 하나님의 긍휼의 은혜를 받았음을 증거하고, 이웃에게 그 긍휼을 나타내는 것입니다. 형제가 내게 죄를 범하면 몇 번이나 용서해야 하느냐는 물음에 예수님께서는 일흔 번씩 일곱 번이라고 하셨습니다.

2. 긍휼이 요구되는 사람들

우리가 하나님의 긍휼을 받았던 것처럼, 긍휼의 은혜가 요구되는 이들이 있습니다. 자신의 힘으로는 살아가기에 벅찬 사람들은 다른 이들로부터 긍휼히 여김을 받아야 합니다. 하나님의 긍휼은 도움 받을 길이 없는 과부나 고아를 불쌍히 보시고, 가난한 자를 돌보시는 것으로 나타나기 때문에, 우리는 그들에게 긍휼을 베풀어야 합니다.

3. 긍휼의 아름다움

성도가 긍휼히 여겨야 하는 대상 중에서 최고는 원수입니다. 사실, 우리는 전에 하나님께 원수였습니다. 하나님의 사랑은 원수를 사랑하시는 데서 이루어졌습니다. 하나님의 긍휼은 원수를 사랑하는 것으로 나타나기 때문에 우리로 네 원수를 사랑하라고 하십니다. 원수를 사랑하고 박해하는 자를 위하여 기도하라고 하셨습니다.

하나님께서 우리를 사랑하시며, 복을 주심은 우리 자신의 영달만을 위함이 아닙니다. 자비를 베푸심은 하나님의 성품을 알려 주시는 한 방법입니다. 이제, 우리는 그 은혜를 이웃에게 알려야 합니다.

기도문

> 좋으신 우리 하나님, 고 ○○○ 님께서 하나님의 은혜를 이웃들과 나눈 것을 압니다. 저희들이 누리는 하나님을 이웃에게도 누리도록 전하는 손길이 되기 원합니다. 하나님을 널리 알리는 도구가 되게 하시옵소서. 예수님의 이름으로 기도드립니다. 아멘.

한식 성묘 예배 | 신자의 가정 6

넉넉하게 채워 주시는 하나님

‖ **묵상기도의 말씀** ‖
"나의 하나님이 그리스도 예수 안에서 영광 가운데 그 풍성한 대로 너희 모든 쓸 것을 채우시리라 하나님 곧 우리 아버지께 세세 무궁하도록 영광을 돌릴지어다 아멘"(빌 4:19-20).

- 찬송가_19장, 295장
- 성경 본문_빌립보서 4:15-20

말씀의 요약

우리에게 믿음의 삶에 대한 교훈을 보이시고, 지금은 천국에 계시는 고 ○○○ 님을 추모하면서, 하나님께 영광을 드리는 이 시간에, 우리에게 주신 생명의 말씀을 나누겠습니다. 오늘, 우리를 위로하시는 은혜는 하나님의 공급하심에 소망을 두는 삶입니다.

1. 하나님의 기쁨

바울이 말할 수 없는 고난을 당하였으나, 하나님께서는 그가 고난 속에서도 기쁨을 누리게 하셨습니다. 사도는 이 기쁨을 빌립보 교회의 성도들에게 나누어 주기를 원하였습니다. 그는 그들에게 또 다른 기쁨을 이야기했는데, 그것은 성도들의 사랑으로 인하여 얻은 기쁨입니다. 빌립보 교회의 성도들은 바울에게 기쁨이었습니다.

2. 능력주시는 자 안에서

바울은 전도자로서 세상의 쓴맛과 단맛을 맛보고 지냈습니다. 비천, 풍부, 배부름, 궁핍의 모든 상황을 체험했습니다. 그러나 그는 비천, 배고픔의 상황에서 비굴해지지 않았고, 풍부, 배부름의 상황에서 교만해지지도 않았습니다. 그는 그러한 상황과 관계없이 "내게 능력주시는 자 안에서 내가 모든 것을 할 수 있다"는 삶을 살았습니다.

3. 바울의 감사

빌립보 교회의 성도들이 에바브로디도를 통하여 그에게 선물을 보내 주었을 때 그는 너무나 감격하고 감사하였습니다. 본문에 의하니, "이는 받으실 만한 향기로운 제물이요 하나님을 기쁘시게 한 것"이라고 하였습니다. 그는 그 선물을 받고, 그들에게 축복 기도를 해주었습니다. 우리는 주 안에서 서로에 대하여 감사해야 합니다.

아버지는 자녀를 사랑하기에, 자녀에게 유익한 것은 무엇이든지 주고자 합니다. 성도는 믿음의 삶 속에서 경험하는 고난을 통해 더욱 하나님의 사람으로 성숙됩니다. 하나님의 은혜에 감사합시다.

기도문

기도를 들으시는 여호와여, 오늘, 고 ○○○ 님을 추모할 때, 하늘의 문이 열려짐에 감사드립니다. 우리의 삶이 하나님 앞에서 넉넉하여 감사가 넘치게 하심을 즐거워하기 원합니다. 늘 감사로 하나님을 뵙게 하시옵소서. 예수님의 이름으로 기도드립니다. 아멘.

한식 성묘 예배 | **신자의 가정 7**

부족하거든 하나님께 구하라

‖ 묵상기도의 말씀 ‖
"너희 중에 누구든지 지혜가 부족하거든 모든 사람에게 후히 주시고 꾸짖지 아니하시는 하나님께 구하라 그리하면 주시리라"(약 1:5).

- 찬송가_22장, 366장
- 성경 본문_야고보서 1:5-8

말씀의 요약

지금은 신앙의 본이 되신 고 ○○○ 님을 기억하면서, 그분과의 삶을 나누게 하신 여호와의 이름을 높이는 시간에, 우리에게 주신 말씀의 은혜를 나누겠습니다. 오늘, 우리를 위로하시는 은혜는 기도에 응답하시는 하나님을 바라봄입니다.

1. 부족함을 아는 은혜

본문을 시작하면서, "너희 중에 누구든지 지혜가 부족하거든"이라 하였습니다. 이는 하나님께서 우리의 부족을 아신다는 말씀입니다. 사도 야고보도 자신의 부족함을 알고 있었습니다. 그래서 그는 부족할 때마다 기도했습니다. 그리고 그의 경험을 통해서 부족하거든 기도하라고 권면하고 있습니다. 우리는 부족함을 알아야 합니다.

2. 하나님께 구하는 은혜

우리가 부족하다는 것을 아는 것은 하나님의 은혜입니다. 내가 부족하다고 할 때, 그때가 하나님께서 채워주시는 시간입니다. 하나님 아버지께서는 우리에게 주시기 위하여 부족함을 알 때까지 기다리고 계십니다. 그러다가 우리가 기도하면 응답해 주십니다. 후히 주시고 꾸짖지 아니하시는 하나님께 구하라고 하셨습니다.

3. 의심하지 않는 은혜

하나님은 후히 주시는 분이시므로, 의심하지 말고 믿음으로 구하라고 하셨습니다. 만일, 의심하며 구하는 사람은 주께 무엇을 얻을까 기대하지 말라고 하셨습니다. 예수님께서 많은 병자들과 귀신들린 자들을 고쳐주시면서 그들에게 찾으셨던 것은 믿음이었습니다. 나의 부족함을 채워주시는 하나님께 믿음으로 구하여 응답을 받읍시다.

아버지와 자녀의 사랑은 서로의 교제를 통해서 더욱 깊어집니다. 그 교제로 말미암아 자녀는 아버지를 더욱 잘 알게 됩니다. 하나님께서는 우리에게 부족함의 문을 열고, 그에게 나오기를 바라십니다.

기도문

> 하늘에 계신 하나님, 이 시간에 고 ○○○ 님의 하나님이 저희들의 하나님이심을 믿습니다. 그가 생전에 여호와의 이름을 불렀던 그 믿음이 자손들의 것이 되게 하시옵소서. 하나님의 공급해주시는 은혜를 소망하게 하시옵소서. 예수님의 이름으로 기도드립니다. 아멘.

한식 성묘 예배 | **불신자의 가정 1**

제단의 불을 항상 피워라

‖ 묵상기도의 말씀 ‖
"제단 위의 불은 항상 피워 꺼지지 않게 할지니 제사장은 아침마다 나무를 그 위에서 태우고 번제물을 그 위에 벌여 놓고 화목제의 기름을 그 위에서 불 사를지며"(레 6:12).

- 찬송가_84장, 208장
- 성경 본문_레위기 6:8-13

말씀의 요약

우리 다같이 ○○○ 님의 어르신이신 고 ○○○ 님을 추모하면서, 하나님께서 이 가정에 복을 주시기로 예비하시고 주신 말씀을 나누도록 하겠습니다. 오늘, 우리를 위로하시는 은혜는 우리 자신이 여호와께 제단의 불이라는 말씀입니다.

1. 제단 위의 불

성막은 하나님께서 이스라엘 백성들과 함께 하심을 나타내는 장소였습니다. 하나님께서는 그들을 성막에서 만나주시고, 제사를 받으셨는데, 제단에는 불을 피워두도록 하셨습니다. 그리고 제단의 불을 끄지 않도록 당부하셨습니다. 이 제단의 불은 단순한 불이 아니라 하나님이 현존하신다는 것을 나타내는 것이기 때문입니다.

2. 불을 피워두는 제단

제단 위에 불이 타오르는 것은 하나님의 은총이 임재하는 상징입니다. 그 불은 거룩한 것으로서 하나님의 은총이 담겨져 있는 불이기 때문입니다. 그러므로 제사장은 항상 이 불을 제단 위에 켜 두어야 하였습니다. 오늘날에는 성도의 심령이 여호와의 제단을 가리킵니다. 우리의 심령에 성령님의 불을 켜 두어야 합니다.

3. 꺼지지 않는 불

본문 12절을 보니, 제사장은 아침마다 나무를 그 위에 태우라고 하셨습니다. 상징적인 비유지만 예수님이 포도나무이시라면, 우리는 주님으로 말미암아 불을 꺼지지 않게 할 수 있다는 것입니다. 우리는 아침마다 하루를 시작하면서 주님의 십자가를 생각하고, 보혈의 은혜를 찬양하여 불이 타오르게 해야 합니다.

제단에는 불을 켜두되, 꺼지지 않도록 하라고 하셨습니다. 우리의 심령은 여호와께 있으며, 하나님을 향한 예배와 기도가 끊어지지 않아야 합니다. 성령님이 충만하심으로 불이 피어있기를 축원합니다.

기도문

> 진지전능하신 하나님, 고 ○○○ 님을 추모할 때, 저희들의 심령을 여호와께 바칩니다. 하나님께서 심령을 제단을 삼아 주셨으니, 성령님의 충만하심이 떠나지 않게 하시옵소서. 하나님의 임재 안에 머무르게 하시옵소서. 예수님의 이름으로 기도드립니다. 아멘.

한식 성묘 예배 | **불신자의 가정 2**

아버지를 이은 아들

‖ **묵상기도의 말씀** ‖
"여호와께서 내 아버지 다윗에게 하신 말씀에 내가 너를 이어 네 자리에 오르게 할 네 아들 그가 내 이름을 위하여 성전을 건축하리라 하신 대로 내가 내 하나님 여호와의 이름을 위하여 성전을 건축하려 하오니"(왕상 5:5)

- 찬송가_23장, 545장
- 성경 본문_열왕기상 5:1-6

말씀의 요약

이 시간에, 고 ○○○ 님을 추모하면서 여호와의 은혜에 감사드리고, 그의 후손들이 묘소를 찾아 예배할 때, 오늘 우리를 위로하시는 은혜는 하나님의 뜻을 따르는 삶입니다.

1. 아버지를 추모하는 은혜

다윗은 죽었으나 솔로몬이 아버지를 공경하는 자세는 성전을 건축하려는 데서 나타납니다. 솔로몬은 성전의 건축을 원하였으나 그 뜻을 아들에게로 미룬 다윗을 추모하였습니다. 그래서 성전을 건축하기를 원하여 히람에게 도움을 요청하였습니다. 아버지를 추모하는 자녀는 부모를 공경하는 자녀요, 하나님이 받으실만 하십니다.

2. 아버지의 뜻을 이루는 데 부지런한 은혜

솔로몬은 다윗이 당대에 이루지 못한 성전 건축에 부지런함을 나타냅니다. 본문 4절을 보니, "이제 내 하나님 여호와께서 내게 사방의 태평을 주시매 원수도 없고 재앙도 없도다"라고 하였습니다. 나라가 안팎으로 평안해진 지금이 성전을 건축하는 절호의 기회라 여겼습니다. 그만큼 그는 성전 건축에 부지런하였다는 것입니다.

3. 여호와를 구하는 은혜

솔로몬은 아버지 다윗과 같이 여호와의 영광을 구하려 함에 열심을 다하였습니다. 본문 5절에서 이 사실을 증거하는데, "내가 내 하나님 여호와의 이름을 위하여 성전을 건축하려 하오니"라고 하였습니다. 그의 성전을 건축함에 대한 열망은 다윗이라는 아버지의 이름을 나타내는 것이 아니고, 하나님의 영광을 찾는 데 있었습니다.

하나님 앞에서 부모는 자녀에게 신앙과 복의 통로입니다. 다윗의 하나님을 경외하는 마음은 그대로 솔로몬에게 이어져 성전을 건축하려는 열심을 갖게 되었습니다. 부모의 은혜를 나의 것으로 삼읍시다.

기도문

> 복의 문을 여시는 여호와여, 고 ○○○ 님을 추모하면서 여호와의 영광을 구합니다. 솔로몬의 다윗을 이은 마음을 주셔서, 부모의 뜻을 따르는 자식들이 되게 하시옵소서. 또한 하나님께 착한 행실의 자녀가 되게 하시옵소서. 예수님의 이름으로 기도드립니다. 아멘.

한식 성묘 예배 | 불신자의 가정 3

밤에 노래를 주시는 자

‖ 묵상기도의 말씀 ‖
"나를 지으신 하나님은 어디 계시냐고 하며 밤에 노래를 주시는 자가 어디 계시냐고 말하는 자가 없구나" (욥 35:10)

- 찬송가_80장, 418장
- 성경 본문_욥기 35:9-13

말씀의 요약

우리 함께 고 ○○○ 님을 추모하는 자리가 하나님께 영광이 되기를 소망하며, 고인의 자손들과 우리 모두에게 주시는 하나님의 말씀을 듣겠습니다. 오늘, 우리를 위로하시는 은혜는 절망을 이기는 믿음의 삶입니다.

1. 노래를 주심

하나님께서는 엘리후에게 밤에 노래를 주셨습니다. 그는 욥에게 말하기를, "나를 지으신 하나님 곧 사람으로 밤중에 노래하게 하시며"라고 한 것입니다. 사람이 인생의 밤에 하나님을 찬송할 수만 있다면 아름답다고 할 수 있습니다. 갑자기 실패와 절망의 일들이 몰려오는, 인생의 밤에 하나님께서는 찬송을 주십니다.

2. 열매를 기다리는 밤

하나님께서는 각 사람에 대해서 창조의 목적을 이루시려고 밤을 주십니다. 사람들은 누구나 실패와 좌절의 밤을 싫어합니다. 그런데 고통스럽기만 한 밤에 하나님의 뜻이 이루어집니다. 꽃이 아침에 이슬을 머금고 아름다운 꽃봉오리를 피기 위해서는 반드시 밤을 통과해야 합니다. 사람도 밤을 지나고 나면 열매를 맺습니다.

3. 밤의 찬송

하나님께서는 밤만 주시는 것이 아니라 밤에 노래를 시키십니다. 캄캄한 밤중에 부르는 노래는 눈물 없이는 부를 수 없습니다. 처절한 고통 때문에 흐르는 눈물로 부르는 찬송은 애통의 노래입니다. 두 손을 들고, 하나님을 의지하는 영혼의 찬송은 곧 기도입니다. 이 찬송에 하나님은 응답하시고, 아침을 맞게 하십니다.

실패와 절망의 시간을 만나면 누구나 불평하기가 쉽습니다. 그 불평을 통해서 자신을 동정하려는 심사가 있기 때문입니다. 그런데 이 시간을 하나님은 기다리십니다. 어려움을 통해서 찬송을 주십니다.

기도문

> 만족하게 하시는 하나님, 고 ○○○ 님을 추모하는 가족들에게 하늘의 위로를 내려 주시옵소서. 저희들이 살면서 어둠의 시간에 부닥뜨리게 될 때, 하나님의 이름을 불러 소망을 갖게 하시옵소서. 찬송의 은혜를 주시옵소서. 예수님의 이름으로 기도드립니다. 아멘.

한식 성묘 예배 | **불신자의 가정 4**

버리지 않으시는 하나님

‖ 묵상기도의 말씀 ‖
"에브라임이여 내가 어찌 너를 놓겠느냐 이스라엘이여 내가 어찌 너를 버리겠느냐 내가 어찌 너를 아드마 같이 놓겠느냐 어찌 너를 스보임 같이 두겠느냐 내 마음이 내 속에서 돌이키어 나의 긍휼이 온전히 불붙듯 하도다"(호 11:8).

- 찬송가_29장, 406장
- 성경 본문_호세아 11:8-9

말씀의 요약

나그네의 삶을 아름답게 사셨던 고 ○○○ 님을 추모하는 가족들이 여호와께 합당한 영광을 드리는 지금, 우리를 위로하시는 은혜는 하나님께서 우리를 돌보아주신다는 말씀입니다.

1. 우리 가운데 거하시는 은혜

하나님은 우리 가운데 거하시며, 우리와 함께 하십니다. 자녀를 사랑하는 아버지는 늘 자녀의 곁에서 그를 지키고 보호해 줍니다. 우리를 향한 하나님의 사랑은 아버지의 사랑이십니다. 우리는 자신의 일에 분주해서 하나님의 계심을 잊고 지낼지라도, 하나님께서는 눈동자 같이 우리를 지키시고, 보호해 주십니다.

2. 거룩하신 하나님

하나님은 거룩하십니다. 하나님의 거룩하심은 어느 누구도 절대 흉

내를 낼 수 없는 절대 거룩하심입니다. 하나님께서는 우리에게 "내가 거룩하니 너희도 거룩하라"라고 하셨습니다. 하나님이 아버지이시므로 당연히 우리는 자녀로서 거룩해야 합니다. 그러므로 우리는 하나님을 닮아 자신을 거룩히 하도록 행실을 삼가며, 힘써야 합니다.

3. 진노하지 않으시는 은혜

본문에서 9절을 보니, "진노함으로 네게 임하지 아니하리라"라고 하셨습니다. 하나님은 진노와 벌을 내리시고, 한편으로는 용서와 긍휼을 베푸십니다. 이 말씀은 자기 백성들에게 하신 약속으로 꼭 지키십니다. 하나님께서는 죄악의 세상을 심판하실 때, 자기의 백성들을 지켜 주십니다. 하나님의 자비하심에 찬양을 돌려야 합니다.

혹시 죄를 지었을지라도 하나님의 사랑에는 변함이 없습니다. 죄를 아파하고, 상한 심령이 되어, 하나님을 찾으면 널리 용서하시고, 품어 주십니다. 그리고 다시는 넘어지지 않도록 붙들어 주십니다.

기도문

> 존귀하게 하시는 여호와여, 고 ○○○ 님을 추모할 때, 하나님의 사랑에 감격하게 하셨음에 감사드립니다. 저희 가족을 사랑하시고, 저희 가정에 계시는 하나님의 은혜에 감사드립니다. 그 자비하심을 묵상하게 하시옵소서. 예수님의 이름으로 기도드립니다. 아멘.

한식 성묘 예배 | **불신자의 가정 5**

마음을 청결하게 하라

‖ **묵상기도의 말씀** ‖
"그가 우리를 대신하여 자신을 주심은 모든 불법에서 우리를 속량하시고 우리를 깨끗하게 하사 선한 일을 열심히 하는 자기 백성이 되게 하려 하심이라"(딛 2:14).

• 찬송가_31장, 452장
• 성경 본문_마태복음 5:8

말씀의 요약

고 ○○○ 님을 추억하는 이 시간에 후손들이 생전 고인의 유업을 따르기로 다짐하며 하나님께 예배할 때, 우리에게 주시는 영생의 말씀을 나누겠습니다. 오늘, 우리를 위로하시는 은혜는 우리의 심령이 청결해야 함을 권면하는 말씀입니다.

1. 하나님의 다스림

우리가 죄인이었을 때는 사탄이 우리의 마음을 지배하였습니다. 그래서 사탄의 조종에 의해 더럽고, 추하게 지냈습니다. 이제, 하나님의 백성들은 성령님의 지배를 받습니다. 하나님의 말씀이 그의 생각에 영향을 줍니다. 하나님의 말씀이 우리 마음속에 우리의 인격과 생활을 지배하십니다. 그리하여 거룩함을 추구합니다.

2. 어둠을 몰아냄

마음이 청결하려면 그의 마음속에 하나님이 빛이 들어와 그 마음의 어둠을 물리쳐야 합니다. 빛이 들어온다는 말은 성령의 임재하심을 의미합니다. 성령은 빛으로 우리 가운데 계시기 때문에 우리의 마음에 끊임없이 하나님의 빛을 비치어 주십니다. 이 빛은 성도에게 더러운 죄악된 것들을 내쫓는 하나님의 능력이 됩니다.

3. 하나님에의 사랑

마음을 청결하게 하려면 물질보다 하나님을 사랑하는 마음을 가져야 합니다. 성령님께서는 우리로 하나님의 뜻을 따르게 하시려고 우리의 왕으로 임재하시기를 원하십니다. 마음의 청결은 그리스도의 피로써만이 이룰 수 있습니다. 마음이 청결한 사람은 주님 때문에 자기 생명을 버리기까지 합니다. 이미 하나님을 보았기 때문입니다.

우리가 하나님의 나라를 소망하면서도, 세상의 유혹에 넘어지는 까닭은 생각과 달리 마음이 여전히 세상을 향하고 있기 때문입니다. 마음을 성령님께서 지배하시도록 내어드려야 합니다.

기도문

왕의 왕이신 하나님, 하나님의 권속이 되었음을 감사드립니다. 저희들이 생각과 말로만 세상을 등지지 않고, 마음으로 세상의 것을 사랑하지 않게 하시옵소서. 마음이 세상에 대한 탐심으로 더러워지지 않도록 하시옵소서. 예수님의 이름으로 기도드립니다. 아멘.

한식 성묘 예배 **불신자의 가정 6**

하나님의 평강을 누리자

‖ 묵상기도의 말씀 ‖
"아무 것도 염려하지 말고 다만 모든 일에 기도와 간구로, 너희 구할 것을 감사함으로 하나님께 아뢰라 그리하면 모든 지각에 뛰어난 하나님의 평강이 그리스도 예수 안에서 너희 마음과 생각을 지키시리라"(빌 4:6-7)

- 찬송가_28장, 409장
- 성경 본문_빌립보서 4:5-9

말씀의 요약

자녀들에게 좋은 부모의 자리를 지키셨던 고 ○○○ 님을 추억하며 하나님께 예배할 때, 우리에게 주시는 복된 말씀을 나누겠습니다. 오늘, 우리를 위로하시는 은혜는 평강을 주시는 하나님입니다.

1. 모든 사람에게 관용하라

하나님은 그의 자녀들과 함께 하십니다. 성도는 서로를 향해서 하나님의 함께하심을 드러내어야 합니다. 우리가 하나님의 함께하심을 드러내면 서로가 은혜를 누리게 됩니다. 그러므로 우리는 서로에게 관용함으로써 하나님의 임재를 드러내어야 합니다. 그래서 바울은 하나님의 평강이 마음과 생각을 지키신다고 하였습니다.

2. 염려하지 말고 기도하라

하나님의 평강의 지배를 받는 삶의 비결은 염려하지 않고 하나님께 기도하는 것입니다. 인간의 염려는 하나님께 기도하는 시간입니다. 하나님께 기도할 때, 구할 것을 감사함으로 아뢰라고 하였습니다. 사자굴에 던져진 다니엘과 물고기 뱃속에서 요나는 기도하였습니다. 기도하는 사람이 하나님의 평강을 체험하게 됩니다.

3. 평강을 주시는 하나님의 은혜

평강의 하나님이 우리와 함께 계실 때, 평안을 누립니다. 따라서 하나님의 평강하게 하시는 은혜가 임하기를 소망해야 합니다. 그리고 본문 8절에 보니, "무엇에든지 참되며 무엇에든지 경건하며 무엇에든지 옳으며 무엇에든지 정결하며"라고 하였습니다. 우리는 성령의 권고하심에 따라 적극적으로 경건하게 살아야 합니다.

사람들은 평강을 원하면서도 스스로 평강하지 못하게 합니다. 하나님께서 평강의 은혜를 주셔야 평화를 누리지만, 본인 스스로 평화를 깨뜨리곤 하는 것입니다. 그러므로 평강의 균형을 잡아야 합니다.

기도문

소원을 이루시는 여호와여, 저희 가정을 여호와의 동산으로 삼아주시기 원합니다. 고 ○○○ 님을 추모하는 마음에서 형제들의 사랑이 깊어지고, 남의 평강을 깨뜨리지 않도록 서로가 배려하는 은혜를 누리게 하시옵소서. 예수님의 이름으로 기도드립니다. 아멘.

한식 성모 예배 | 불신자의 가정 7

완고하게 됨을 면하라

‖ 묵상기도의 말씀 ‖
"오직 오늘이라 일컫는 동안에 매일 피차 권면하여 너희 중에 누구든지 죄의 유혹으로 완고하게 되지 않도록 하라 우리가 시작할 때에 확신한 것을 끝까지 견고히 잡고 있으면 그리스도와 함께 참여한 자가 되리라"(히 3:13-14).

- 찬송가_89장, 454장
- 성경 본문_히브리서 3:12-19

말씀의 요약

고 ○○○ 님의 산소를 찾아 자녀와 손자들, 일가친지들이 한 자리에 모여 고인을 회상하고, 여호와께 감사드릴 때, 우리를 위로하시는 은혜는 여호와 앞에서 완고해지지 말라는 말씀입니다.

1. 삼가는 은혜

본문 12절에, "형제들아 너희는 삼가"라고 하였습니다. 무엇을 조심해야 합니까? 악한 마음을 품어서 하나님에게서 떨어질까 조심하라는 것입니다. 즉 혹시 죄가 되었을까 하여 마음의 갈등과 고민이 있어야 합니다. 이렇게 자신을 조심하는 것이 하나님의 은혜입니다. 사실, 이미 버림받은 사람은 아무런 양심의 가책을 느끼지 않습니다.

2. 권면하는 은혜

본문 13절에, "매일 피차 권면하여"라고 하였습니다. 무엇을 권면

합니까? 죄의 유혹으로 완고하게 되지 않도록 권면하라는 것입니다.

성도는 마음의 문을 열고 형제를 권면하고, 또한 형제로부터 권면을 받아들여야 합니다. 서로가 겸손으로 허리를 동여 상대방에게 주님께서 지시한 윤리를 권면하고 잘 이해할 수 있도록 해야 합니다.

3. 끝까지 견고하는 은혜

본문 14절에, "확신한 것을 끝까지 견고히 잡고 있으면"이라고 하였습니다. 무엇을 견고히 잡고 있어야 합니까? 예수님을 시작했을 때의 믿음을 말합니다. 우리가 처음으로 하나님을 아버지라 부를 때, 가졌던 믿음입니다. 전에 이스라엘 백성들은 이 믿음을 버리고, 하나님께 불순종하여 가나안 땅에 들어가지 못하는 심판을 받았습니다.

성도는 하나님을 영화롭게 하기 위해서, 자신이 스스로 미혹되지 않기 위하여 조심해야 하는 습관을 가져야 합니다. 말에나 행동에 자기를 먼저 살피고, 하나님의 은혜를 나타내려 애써야 할 것입니다.

기도문

위로해 주시는 하나님, 오늘, 고 ○○○ 님의 추모예배로 식구들이 모였음에 감사드립니다. 저희들이 고인의 은혜를 묵상하면서, 하나님의 신령한 은혜를 사모하기 원합니다. 이 시간에, 견고한 신앙에 대한 소망을 갖게 하시옵소서. 예수님의 이름으로 기도드립니다. 아멘.

| 추석 가정 예배 | 신자의 가정 1 |

생명과 복과 사망과 화

‖ **묵상기도의 말씀** ‖
"네 하나님 여호와를 사랑하고 그의 말씀을 청종하며 또 그를 의지하라 그는 네 생명이시요 네 장수이시니 여호와께서 네 조상 아브라함과 이삭과 야곱에게 주리라고 맹세하신 땅에 네가 거주하리라"(신 30:20)

- 찬송가_26장, 544장
- 성경 본문_신명기 30:15-20

말씀의 요약

오늘, 추석을 즐거워하면서 고 ○○○ 님을 추모하여 하나님께 예배하게 하셨음에 감사드립니다. 우리를 위로하시는 은혜는 복과 화가 우리 앞에 주어졌다는 말씀입니다.

1. 하나님 앞의 두 길

하나님이 우리를 사랑하심은 우리에게 의지를 주신 그대로 자신의 의지에 따라 살게 하셨습니다. 사람은 여호와 앞에서 자신의 신앙고백에 따라 자유롭게 살 수 있습니다. 우리의 인생길을 주장하시고 인도하시는 하나님께서는 두 가지 길을 우리에게 보여 주셨습니다. 우리 앞에 놓인 두 가지의 길 외에 제3의 길은 없습니다.

2. 생명과 복

하나님께서 우리에게 제시하신 두 길 중 첫째 길은 생명과 복의 길입니다. 이 길을 선택한 사람은 하나님께서 주신 복으로 행복하고 즐겁습니다. 그의 인생길에 하나님이 함께하시고 도와주신다고 약속하셨습니다. 이 길을 걸어가는 사람은 본문 16절에 기록되어 있는 대로 생존하며 번성할 것이요, 하나님께서 복을 주십니다.

3. 사망과 화

하나님께서 우리에게 제시하신 또 한쪽의 길은 사망과 화의 길입니다. 사실, 이 길은 가지 말아야 할 길입니다. 처음에는 좋고 넓고 형통한 길인 것처럼 보일지라도, 결국은 파멸의 길입니다. 본문 17-18절에 기록된 대로 이 길을 선택한 사람은 반드시 망합니다. 하나님께서 이 길을 제시하심은 이 길을 가지 말라는 경고입니다.

하나님께는 생명과 사망의 권세가 있습니다. 그리고 복과 화도 있으십니다. 하나님은 자기를 경외하는 자에게 생명과 복을 주십니다. 그러나 하나님을 대적하는 자들에게는 사망과 화를 내리십니다.

기도문

사랑의 주 하나님, 고 ○○○ 님의 아름다운 신앙을 본받으려고 그를 추모합니다. 이 시간에 고인께서 평생 감사로 사셨던 은혜를 저희들의 것으로 삼게 하시옵소서. 여호와께서 주시는 생명과 복을 누리게 하시옵소서. 예수님의 이름으로 기도드립니다. 아멘.

추석 가정 예배 **신자의 가정 2**

여호와 앞에 서는 은혜

‖ **묵상기도의 말씀** ‖
"사독의 족속 대제사장 아사랴가 그에게 대답하여 이르되 백성이 예물을 여호와의 전에 드리기 시작함으로부터 우리가 만족하게 먹었으나 남은 것이 많으니 이는 여호와께서 그의 백성에게 복을 주셨음이라 그 남은 것이 이렇게 많이 쌓였나이다"(대하 31:10)

- 찬송가_40장, 346장
- 성경 본문_역대하 31:2-10

말씀의 요약

하나님의 품에 안겨 계시는 고 ○○○ 님을 추모하면서, 예배하게 하신 여호와께 영광을 돌립니다. 오늘, 우리를 위로하시는 은혜는 하나님 앞에서 그를 대하여 사는 삶입니다.

1. 우상을 척결하는 은혜

히스기야는 유다의 여러 성읍에 있는 주상들과 아세라 목상들을 없앴습니다. 그리고 우상에게 제사하는 산당들과 제단들도 없앴습니다. 사실, 우상 숭배는 하나님이 아닌 것을 하나님처럼 섬기는 것입니다. 그는 하나님께서 미워하시는 것을 없애는 데 최선을 다하였습니다. 이로써 이스라엘 백성들이 하나님만을 섬기도록 하였습니다.

2. 하나님의 종들을 섬기는 은혜

히스기야는 하나님께 구별된 직분의 사람들을 보호하였습니다. 백성들이 제사장들과 레위 사람들 몫의 음식을 주도록 하였습니다. 이로써 제사장들과 레위 사람들이 여호와의 율법에 힘쓰도록 하였습니다. 제사장들과 레위 사람들이 하나님의 말씀에 충실하면, 그만큼 이스라엘에는 여호와의 말씀이 이루어지고, 평안하게 됩니다.

3. 순종하여 섬기는 은혜

히스기야의 명령에 유다 사람들은 제사장과 레위 사람의 몫을 구별하였습니다. 그들은 자신들의 소유를 드리기를 즐겨하였습니다. 본문 5절을 보니, 그들은 수확한 것을 풍성하게 드렸습니다. 그리고 모든 것의 십일조를 가져왔습니다. 하나님께 구별된 종들을 섬기는 것은 우리의 몫입니다. 그들을 섬김은 곧 하나님께 드림이 됩니다.

왕의 자리에 오른 히스기야가 처음으로 한 일은 우상을 척결함이었습니다. 다윗을 통해서 세워진 이스라엘은 하나님의 왕국이었습니다. 우리도 개인적으로 척결해야 되는 우상의 모습을 살펴야 합니다.

기도문

하나님 여호와여, 고 ○○○ 님께서 하나님만을 사랑했던 마음을 저희들에게 주시옵소서. 고인의 신앙으로 오직 하나님을 섬기게 하시옵소서. 이제, 자신에게 우상숭배와 같은 행위가 없는지 돌아보고, 척결하는 은혜를 주시옵소서. 예수님의 이름으로 기도드립니다. 아멘.

추석 가정 예배 | **신자의 가정 3**

여호와를 하나님으로 삼는 백성

‖ 묵상기도의 말씀 ‖
"우리 아들들은 어리다가 장성한 나무들과 같으며 우리 딸들은 궁전의 양식대로 아름답게 다듬은 모퉁잇돌들과 같으며 우리의 곳간에는 백곡이 가득하며 우리의 양은 들에서 천천과 만만으로 번성하며"(시 144:12-13).

- 찬송가_16장, 547장
- 성경 본문_시편 144:12-15

말씀의 요약

지금은 믿음의 행전을 다 쓰고, 하늘에 계시는 고 ○○○ 님으로 인하여 하나님의 이름을 송축할 때, 오늘, 우리를 위로하시는 은혜는 하나님께서 주시는 복의 말씀입니다.

1. 자녀들에게 임하는 복

다윗은 자녀들에게 나타나는 하나님의 은혜를 보았습니다. 자기의 아들들이 어리고, 연약하게 보였는데, 하나님께서 그들을 장성한 나무들과 같게 해 주셨다고 하였습니다. 가정에 나타나는 하나님의 은총은 자녀들이 바르고, 튼튼하게 성장하는 것입니다. 부모가 제공해 주는 것에 의해서 자라기보다는 하나님의 은혜로 성장합니다.

2. 소유에 임하는 복

가정에 임하는 하나님의 손길은 곳간에도 나타납니다. 본문 13절을 봅시다. 곳간에는 백곡이 가득하다고 하였습니다. 양들은 들에서 천천과 만만으로 번성하였다고 했습니다. 여호와의 복을 주심은 창고에 있습니다. 그리고 손으로 하는 모든 일에 복을 주심입니다. 나아가 짐승의 새끼와 소와 양의 새끼가 복을 받게 하십니다.

3. 복을 주시는 하나님

다윗은 이같이 임하는 하나님의 복을 생각하면서, 그 복이 어디로부터 오는가를 묵상하였습니다. 그래서 그는 본문 15절에 기록된 것처럼, "여호와를 자기 하나님으로 삼는 백성은 복이 있도다"라고 고백하였습니다. 여호와를 자기 하나님으로 섬기는 사람은 하나님을 자신의 주인으로 섬기고, 하나님의 뜻을 구하며 사는 것입니다.

하나님께서 인생들에게 복을 주심은 여호와를 하나님으로 삼게 하시기 위함입니다. 아버지가 자녀에게 좋은 것으로 만족하게 함은 자녀가 아버지의 품에서 살게 함과 같습니다. 하나님만 섬기십시오.

기도문

복의 근원이 되시는 하나님, 고 ○○○ 님께서 하늘의 복으로 사셨음을 감사드립니다. 그의 기도가 응답되어 오늘도 복을 누림에 더 감사드립니다. 저희들에게 하나님의 성품을 닮고자 하는 거룩함에의 추구가 있게 하시옵소서. 예수님의 이름으로 기도드립니다. 아멘.

추석 가정 예배 | 신자의 가정 4

공의와 겸손을 구하라

‖ 묵상기도의 말씀 ‖
"여호와의 규례를 지키는 세상의 모든 겸손한 자들아 너희는 여호와를 찾으며 공의와 겸손을 구하라 너희가 혹시 여호와의 분노의 날에 숨김을 얻으리라"(습 2:3).

- 찬송가_25장, 452장
- 성경 본문_스바냐 2:1-3

말씀의 요약

추석 명절에 가족들이 한 자리에 모여 고 ○○○ 님께서 영원한 집에 계심을 즐거워하여 하나님께 예배하는 이 시간에, 우리에게 주신 하나님의 말씀을 나누겠습니다. 오늘, 우리를 위로하시는 은혜는 공의와 겸손을 구하는 삶입니다.

1. 회개를 권고하시는 하나님

여호와 앞에서 성도들이 가져야 할 자세는 회개하기를 즐거워하는 것입니다. 혹시 자신의 죄가 생각나지 않더라도 회개의 은혜를 구하면 하나님께서 들으십니다. 본문 1절에, "수치를 모르는 백성아 모일지어다 모일지어다"라고 하셨습니다. 하나님께서는 우리를 사랑하시기에 회개하기 위하여 모이라고 하셨습니다.

2. 여호와를 찾음

성도가 죄를 짓는 가장 가까운 이유는 여호와를 의식하지 않기 때문입니다. 우리가 하나님의 말씀에 주의를 기울이고, 여호와를 향한 두려움을 잊지 않는 동안에는 죄를 짓거나 하나님 앞에서 교만하지 못합니다. 여호와의 면전에 있음을 잊고, 수치를 모르는 까닭에 범죄합니다. 이러므로 여호와를 찾고, 그의 규례를 지키라고 하셨습니다.

3. 숨겨주시는 은혜

본문 13절에서 중반에, "너희는 여호와를 찾으며 공의와 겸손을 구하라"라고 하셨습니다. 혹시 죄를 지었고, 그 죄로 말미암아 하나님의 징벌 아래 놓여 있다 해도, 여호와를 찾으면 징벌을 피하게 해주시겠다는 것입니다. 하나님께 대하여 겸손하면 징벌에서 구해주시겠다는 은혜입니다. 이는 우리를 향하신 하나님의 사랑입니다.

우리가 하나님의 자녀로 산다는 의미는 하나님의 사람이 되겠다는 것입니다. 이제, 하나님께서 원하시는 성품을 나의 것으로 삼아 그 삶을 살아야 합니다. 여호와 앞에서 공의를 구하고 겸손으로 삽시다.

기도문

생명의 주 여호와여, 고 ○○○ 님의 삶이 여호와께 열납 되었듯이, 지금 이 예배를 통해서 저희들에게 결단의 은혜를 주시옵소서. 여호와 앞에서 공의를 구하고, 모든 경우에 겸손함으로 대하는 은혜를 주시옵소서. 예수님의 이름으로 기도드립니다. 아멘.

| 추석 가정 예배 | 신자의 가정 5 |

온전한 사람을 이루는 가정

‖ 묵상기도의 말씀 ‖
"우리가 다 하나님의 아들을 믿는 것과 아는 일에 하나가 되어 온전한 사람을 이루어 그리스도의 장성한 분량이 충만한 데까지 이르리니"(엡 4:13)

• 찬송가_67장, 551장
• 성경 본문_ 에베소서 4:13-16

말씀의 요약

고 ○○○ 님을 아버지의 품으로 받아주셔서, 영원한 안식을 누리게 하신 하나님께 감사하여 예배하는 지금, 우리에게 주신 생명의 말씀을 나누겠습니다. 오늘, 우리를 위로하시는 은혜는 삶의 목표에 대하여 권면하는 말씀입니다.

1. 장성한 분량이 충만한 데까지
가정에서는 아이들이 자라는 것을 보게 됩니다. 이와 마찬가지로 하나님의 자녀들 역시 성장해야 합니다. 우리는 가정에서 하나님의 은혜를 누리며 자라가야 합니다. 부모와 자녀가 가정에 있는 성령님의 충만하심에 따라 성숙한 신앙의 사람이 되어가야 합니다. 그렇게 성장하여 온전함을 이루어야, 하늘 아버지를 기쁘시게 할 수 있습니다.

2. 믿는 것과 아는 것
우리의 가정에서 최고의 은혜는 더 이상 어린아이와 같지 않고 자람에 있습니다. 자녀들은 부모에 의해서 육체적인 성장만 경험하지 않고, 신앙의 성장도 경험해야 합니다. 부모들은 자녀들의 자람에서 자신들의 성장도 경험해야 합니다. 이로써 믿는 것과 아는 것에 하나가 되어 온전한 사람이 되게 됩니다. 이것이 하나님의 은혜입니다.

3. 어린 아이의 일을 버림

자란다는 의미가 무엇입니까? 어릴 때의 생각과 행동을 버리는 것입니다. 아기 때의 모습을 버려야 자라게 됩니다. 자녀가 젖먹이 시절의 모습을 버리지 않으면, 유년기와 소년기를 경험하지 못합니다. 청년이 될 수 없습니다. 우리의 신앙성장에도 비유되는 교훈입니다. 우리는 예수님을 처음 믿었을 때의 어린 아이 같음을 버려야 합니다.

예수님의 보혈로 하나님의 자녀가 되었다고 해서 구원이 완성된 것은 아닙니다. 하나님의 말씀으로 그리스도의 장성한 분량에 이르기까지 자랄 때, 온전해짐을 이루게 됩니다. 온전함을 사모합시다.

기도문

좋으신 우리 하나님, 고 ○○○ 님께서 거룩한 삶을 위해서 늘 자신을 쳐 복종시키시던 것을 기억합니다. 저가 보여준 본을 저희도 따르게 하시옵소서. 그리스도의 장성한 부분에까지 다가가려는 열심의 은혜를 주시옵소서. 예수님의 이름으로 기도드립니다. 아멘.

추석 가정 예배 | **신자의 가정 6**

주 안에서 기뻐하라

‖ **묵상기도의 말씀** ‖
"그러므로 나의 사랑하고 사모하는 형제들, 나의 기쁨이요 면류관인 사랑하는 자들아 이와 같이 주 안에 서라"(빌 4:1)

- 찬송가_83장, 209장
- 성경 본문_빌립보서 4:1-3

말씀의 요약

우리에게 믿음의 삶에 대한 교훈을 보이시고, 지금은 천국에 계시는 고 ○○○ 님을 추모하면서, 하나님께 영광을 드리는 이 시간에, 우리에게 주신 생명의 말씀을 나누겠습니다. 오늘, 우리를 위로하시는 은혜는 기쁨의 삶입니다.

1. 주 안의 기쁨

바울은 성도들에게 주 안에서 기뻐하라고 하였습니다. 그리고 계속해서 항상 기뻐하기를 소망하였습니다. 그는 빌립보 교회의 성도들이 자신의 기쁨이라고 하였습니다. 바울이 그들에게 기쁨을 말하고, 기쁨으로 살기를 권면한 이유는 그 자신이 기쁨의 삶을 살았기 때문입니다. 예수님과 이웃을 사랑하는 데서 얻은 기쁨입니다.

2. 기쁨―성령의 열매

기쁨은 성령의 열매입니다(갈 5:22, 23). 바울은 주 안에서 기뻐하고 기뻐하는 삶을 살았습니다. 그의 기쁨은 빌립보 성도들의 모습에서 더욱 넘쳤습니다. 곧 성도들이 한마음, 한뜻으로 서로 권면하고 성령으로 교제하며 남을 긍휼히 여기는 삶을 사는 것이 자신에게 기쁨이 된다는 것입니다. 성도들의 열매를 맺는 삶은 기쁨입니다.

3. 협력하는 기쁨

빌립보 교회의 성도들이 하나님의 기쁘신 뜻을 자기의 소원으로 삼으며 사는 것도 기뻐할 일이 되었습니다. 또한 바울을 위해서 목숨을 아끼지 아니하고 헌신한 에바브로디도도 기쁨이 되었습니다. 에바브로디도는 예수님의 마음을 품은 일꾼으로 바울을 섬겼습니다. 우리는 하나님의 교회를 위해서 서로에 대하여 헌신해야 합니다.

사람들의 기쁨은 일반적으로 자신이 원하던 것이 성취될 때입니다. 그러나 성도의 기쁨은 자기에게 있지 않고, 하나님께 있습니다. 우리는 이미 주님의 피로 하나님의 사신 바가 되었기 때문입니다.

기도를 들으시는 여호와여, 하나님 앞에서 평생 기쁨을 잃지 않았던 고 ○○○ 님을 생각합니다. 그의 신앙의 씨가 이 가정에 심겨진 것에 감사드리니 우리 주님을 반석으로 삼아 그 위에 서서 기뻐하는 삶이 되게 하시옵소서. 예수님의 이름으로 기도드립니다. 아멘.

추석 가정 예배 | **신자의 가정 7**

하나님의 뜻을 행하라

∥ **묵상기도의 말씀** ∥
"이 세상이나 세상에 있는 것들을 사랑하지 말라 누구든지 세상을 사랑하면 아버지의 사랑이 그 안에 있지 아니하니"(요일 2:15)

- 찬송가_74장, 480장
- 성경 본문_요한일서 2:15-17

말씀의 요약

지금은 신앙의 본이 되신 고 ○○○ 님을 기억하면서, 그분과의 삶을 나누게 하신 여호와의 이름을 높이는 시간에, 우리에게 주신 말씀의 은혜를 나누겠습니다. 오늘, 우리를 위로하시는 은혜는 하나님의 뜻을 이루어 드리는 삶입니다.

1. 하나님께 속한 자

성도는 하늘의 하나님께로부터 난 자입니다. 이제, 그의 삶의 근거는 하늘의 하나님께 속해 있습니다. 성도가 육체적으로는 아직 이 세상에서 살지만 그의 본향은 천국입니다. 그러므로 성도에게 있어서 세상은 사랑하거나 속해 있을 대상이 아닙니다. 이는 하나님과 세상을 함께 사랑할 수가 없기 때문입니다.

2. 세상에 있는 것들

본문 16절에서 사도는 세상에 있는 것들에 대하여 "육신의 정욕과 안목의 정욕과 이생의 자랑이니"라고 하였습니다. 육신의 정욕은 속에서 나오는 모든 죄악성을 말하고, 안목의 정욕은 눈에 보이는 세상에 있는 헛된 영광을 탐하는 것을 말합니다. 그리고 이것들은 "아버지께로부터 온 것이 아니요"라고 하였습니다.

3. 사모해야 할 천국

그러면 어디에서 비롯되었습니까? 바로 세상이 만들어 낸 것들입니다. 세상은 장차 멸망을 받을 것입니다. 그러므로 우리는 세상을 사랑할 수 없습니다. 우리에게는 영원한 생명이 있으므로 영원히 거해야만 합니다. 우리는 하나님의 나라를 사랑하여 영원한 천국을 사모하고 세상을 사랑하지 말아야 합니다.

성도에게 본향이 천국이라면, 우리는 마땅히 하나님의 나라를 사모하며, 그 나라에서의 삶을 소망해야 합니다. 그런데도 우리에게 이 땅에서의 즐거움과 쾌락에 대한 미련이 있다면 버려야 합니다.

기도문

> 하늘에 계신 하나님, 고 ○○○ 님과 더불어 하나님을 모시고 살았던 지난 시간을 그리워합니다. 오직 천국을 소망하셨던 그 신앙을 본받게 하시옵소서. 우리 주님을 따라가는 십자가의 군사로서 믿음의 삶을 살게 하시옵소서. 예수님의 이름으로 기도드립니다. 아멘.

추석 가정 예배 | 불신자의 가정 1

넉넉하여 남는 예물

‖ **묵상기도의 말씀** ‖
"모세가 명령을 내리매 그들이 진중에 공포하여 이르되 남녀를 막론하고 성소에 드릴 예물을 다시 만들지 말라 하매 백성이 가져오기를 그치니 있는 재료가 모든 일을 하기에 넉넉하여 남음이 있었더라"(출 36:6-7)

• 찬송가_71장, 216장
• 성경 본문_출애굽기 35:4-9

말씀의 요약

우리 다같이 ○○○ 님의 어르신이신 고 ○○○ 님을 추모하면서, 하나님께서 이 가정에 복을 주시기로 예비하시고 주신 말씀을 나누도록 하겠습니다.

1. 하나님에의 사랑

성막을 짓기 위해서 모세는 이스라엘 백성들에게 예물을 바치라고 하였습니다. 그것은 성막을 짓는 데 필요한 재료들이었습니다. 성막을 짓는 데 필요한 물자는 이미 이스라엘 백성들에게 있었습니다. 모세의 명령에 그들은 하나님의 집을 위하여 예물을 드렸습니다. 그들은 하나님을 사랑하는 넉넉함으로 자신의 소유를 내놓았습니다.

2. 모세를 향한 신뢰

이스라엘 백성들은 모세를 하나님의 사람으로 섬기고 존경하였습니다. 그들은 모세가 전하는 하나님의 말씀을 거역하지 않았습니다. 마음은 행동을 이끌고 지배합니다. 마음이 선하면 선한 행동을 하게 되고 마음이 악하면 악한 행동을 합니다. 그들의 모세에 대한 넉넉한 마음의 신뢰는 곧 예물의 풍성함으로 나타났습니다.

3. 쓰고도 남는 예물

하나님께서 이스라엘 백성들과 만나주시는 성막은 그들에게 기쁨과 즐거움이 되었습니다. 그들은 하나님을 향한 사랑으로 분에 넘치도록 예물을 드렸습니다. 그들이 성막을 위해 드리는 예물은 축제와 같았습니다. 이에 성막을 짓고도 남게 되자, 모세는 그만 가져오라고 하였습니다. 넉넉하여 남는 예물이 되었음은 복된 은혜였습니다.

우리가 하나님을 사랑하는 표현 중에 최고의 것은 드림입니다. 하나님이 가난해서 드리는 것이 아니고, 여호와께 향기로운 제물이 되므로 드리는 것입니다. 우리의 드림이 넉넉할 때, 넉넉함의 복을 받습니다.

기도문

진지전능하신 하나님, 저희들에게 있는 것 모두가 하나님께로부터 왔음을 고백합니다. 저희들에게 주신 것 중의 일부를 요구하실 때, 넉넉하게 드리게 하시옵소서. 자신의 몫에 태인 십자가를 지고 가는 은혜를 주시옵소서. 예수님의 이름으로 기도드립니다. 아멘.

추석 가정 예배 | **불신자의 가정 2**

여호와의 명령을 지켜라

‖ **묵상기도의 말씀** ‖
"네 하나님 여호와의 명령을 지켜 그 길로 행하여 그 법률과 계명과 율례와 증거를 모세의 율법에 기록된 대로 지키라 그리하면 네가 무엇을 하든지 어디로 가든지 형통할지라" (왕상 2:3)

- 찬송가_71장, 493장
- 성경 본문_열왕기상 2:1-4

말씀의 요약

이 시간에, 고 ○○○ 님을 추모하면서 여호와의 은혜에 감사드리고, 그의 후손들이 주님의 이름으로 모여 예배할 때, 이 가정에 주신 말씀을 나누도록 하겠습니다. 오늘, 우리를 위로하시는 은혜는 하나님의 명령에 순종하는 삶입니다.

1. 죽음이 임박한 다윗

본문 1절을 봅시다. "다윗이 죽을 날이 임박하매 그의 아들 솔로몬에게 명령하여 이르되." 해 아래에서 사람은 누구나 죽는다는 것을 압니다. 다윗의 이름이 위대하였고, 그의 왕국이 강성했을 때, 그는 영원할 것 같았습니다. 그러나 죽음의 형벌이 내려진 이후, 인생은 여호와의 특별한 섭리가 아니고는 죽음을 피할 수 없습니다.

2. 물러나는 다윗

본문 2절을 봅시다. "내가 이제 세상 모든 사람이 가는 길로 가게 되었노니 너는 힘써 대장부가 되고." 다윗은 자신의 죽음을 받아들이면서 솔로몬에게 힘써 대장부가 되라고 권고하였습니다. 그가 죽음을 받아들임은 여호와 앞에서 겸손한 마음을 보여줍니다. 그는 자신의 시간을 마감하면서 솔로몬에게 모든 것을 넘기었습니다.

3. 거룩한 다짐을 요청하는 다윗

본문 3절을 봅시다. "네 하나님 여호와의 명령을 지켜 그 길로 행하여 그 법률과 계명과 율례와 증거를 모세의 율법에 기록된 대로 지키라." 아버지가 아들에게 남기는 유언 중에 이처럼 거룩한 것이 어디에 또 있겠습니까? 그가 하나님을 사랑하고, 여호와의 말씀에 순종했듯이 아들이 그렇게 살기를 바라는 아버지의 마음이었습니다.

다윗은 자신이 여호와 앞에서 살았듯이, 솔로몬도 그렇게 살기를 원하였습니다. 그래서 그에게 하나님을 사랑하고, 그의 계명을 지키도록 당부하였습니다. 하나님을 사랑하여 명령을 따르시기 바랍니다.

기도문

복의 문을 여시는 여호와여, 하나님을 사랑하고, 그 명령을 지켜 그 길로 행하는 은혜를 보게 하시옵소서. 말씀에 순종해서 여호와의 뜻을 이루게 하시옵소서. 또한 여호와께 존귀한 식구들의 일생을 인도해 주시옵소서. 예수님의 이름으로 기도드립니다. 아멘.

추석 가정 예배 | 불신자의 가정 3

무고한 생명을 구하라

‖ **묵상기도의 말씀** ‖
"하늘에 계신 하나님이 이 은밀한 일에 대하여 불쌍히 여기사 다니엘과 친구들이 바벨론의 다른 지혜자들과 함께 죽임을 당하지 않게 하시기를 그들로 하여금 구하게 하니라"(단 2:18)

• 찬송가_24장, 543장
• 성경 본문_다니엘 2:14-19

말씀의 요약

우리 함께 고 ○○○ 님을 추모하는 자리가 하나님께 영광이 되기를 소망하며, 고인의 자손들과 우리 모두에게 주시는 하나님의 말씀을 듣겠습니다. 오늘, 우리를 위로하시는 은혜는 선행을 베풀라는 말씀입니다.

1. 생명을 살리려는 의도

느부갓네살이 한 꿈을 꾸었는데, 갈대아인들이 그 꿈을 해석하지 못하였습니다. 왕은 역정을 내면서 바벨론의 지혜자들을 다 죽이려 하였습니다. 그때, 다니엘은 왕의 근위대장에게 요청해서 자신이 그 꿈을 해석해 주겠다고 하였습니다. 그러면서 느부갓네살이 바벨론의 지혜자들을 죽이는 것을 뒤로 미루도록 하였습니다.

2. 합력하는 기도

본문 17절을 봅시다. "이에 다니엘이 자기 집으로 돌아가서 그 친구 하나냐와 미사엘과 아사랴에게 그 일을 알리고." 다니엘은 집으로 와서 신앙의 동지들에게 알렸습니다. 그리고 그들에게 하나님이 불쌍히 여기셔서 "다니엘과 친구들이 바벨론의 다른 지혜자들과 함께 죽임을 당하지 않게 하시기를" 간구하는 기도를 부탁하였습니다.

3. 하나님의 응답

과연 하나님은 다니엘의 편이 되어 주셨습니다. 느부갓네살의 꿈을 해석하는 은밀한 일을 하나님께서 알려주신 것입니다. 본문 19절을 보니, "이에 이 은밀한 것이 밤에 환상으로 다니엘에게 나타나 보이매"라고 하였습니다. 하나님께서는 다니엘과 친구들을 위하여 응답해 주셨습니다. 하나님은 그의 선한 의도를 귀히 여기셨습니다.

주님은 우리를 구원하시려고 자기의 목숨을 내놓으셨습니다. 인생의 아름다움은 남에게 유익을 주는 행실입니다. 무고한 자들의 죽음을 방지했던 다니엘의 열정으로 이웃을 사랑하기를 축복합니다.

기도문

만족하게 하시는 하나님, 구원의 주님을 바라볼 때, 대속의 사랑에 감사드립니다. 크신 사랑으로 구원을 받았으니, 저희들도 그 사랑으로 이웃을 대하게 하시옵소서. 단비와 같은 은혜를 내려 주셔서 성령님께 이끌리게 하시옵소서. 예수님의 이름으로 기도드립니다. 아멘.

추석 가정 예배 | **불신자의 가정 4**

성숙함을 나타내라

‖ **묵상기도의 말씀** ‖
"이 모든 일에 전심전력하여 너의 성숙함을 모든 사람에게 나타나게 하라 네가 네 자신과 가르침을 살펴 이 일을 계속하라 이것을 행함으로 네 자신과 네게 듣는 자를 구원하리라"(딤전 4:15-16).

- 찬송가_14장, 461장
- 성경 본문_디모데전서 4:12-16

말씀의 요약

나그네의 삶을 아름답게 사셨던 고 ○○○ 님을 추모하는 가족들이 여호와께 합당한 영광을 드리는 지금, 하나님께서 우리에게 주시는 소망의 말씀을 나누겠습니다. 오늘, 우리를 위로하시는 은혜는 신앙의 진보를 나타내는 삶입니다.

1. 언행을 삼가라

성도가 나타내야 할 성숙함에는 말과 행동에 있습니다. 바울은 디모데에게 각별하게 권고하기를, "누구든지 네 연소함을 업신여기지 못하게 하고 오직 말과 행실과 사랑과 믿음과 정절에 있어서 믿는 자에게 본이 되어"라고 하였습니다. 비록 나이는 어리다고 해도 말과 행실이 남에게 본이 되면 업신여기지 못하고, 신뢰감을 갖게 됩니다.

2. 전심전력하라

성도가 나타내야 할 성숙함에는 자신이 맡은 일에 전심전력해야 합니다. 본문 13절에서, "내가 이를 때까지 읽는 것과 권하는 것과 가르치는 것에 전념하라"고 하였습니다. 디모데는 교역자인데 목회자가 자신의 사역에 전심전력해야 합니다. 우리는 하나님 앞에서 각각 은사를 받았는데, 이 은사를 사용함에 전심전력해야 합니다.

3. 성숙함을 나타내라

성도가 나타내야 할 성숙함에는 자신의 성숙함을 주변의 사람들에게 나타냄에 있습니다. 본문 15절 뒷부분에, "너의 성숙함을 모든 사람에게 나타나게 하라"라고 하였습니다. 사람은 여호와 앞에서나 사람들에게 진보를 나타내야 합니다. 만일, 진보하지 못하면 남들에게 감화를 줄 수 없으며, 자기 자신에게도 해가 됩니다.

우리가 지상에 머무는 동안에 힘써야 할 것은 세상에서의 복락을 누리는 것이 아닙니다. 구원의 완성을 이루는 데, 하나님의 뜻을 성취하는 삶에 더 관심을 기울여야 합니다. 신앙의 성장을 이룹시다.

기도문

존귀하게 하시는 여호와여, 천국이 본향이라 하면서도 세상의 것들에 마음을 빼앗기곤 합니다. 천국으로 부름을 받으면 다 놓고 갈 것들뿐인데 그런 것을 거절하는 은혜를 주시옵소서. 찬란한 면류관을 바라보게 하시옵소서. 예수님의 이름으로 기도드립니다. 아멘.

`추석 가정 예배` `불신자의 가정 5`

항상 있을 것 세 가지

‖ **묵상기도의 말씀** ‖
"범사에 감사하라 이것이 그리스도 예수 안에서 너희를 향하신 하나님의 뜻이니라" (살전 5:18).

• 찬송가_16장, 429장
• 성경 본문_데살로니가전서 5:16-18

말씀의 요약

고 ○○○ 님을 추억하는 이 시간에 후손들이 생전 고인의 유업을 따르기로 다짐하며, 하나님께 예배할 때, 우리에게 주시는 영생의 말씀을 나누겠습니다. 오늘, 우리를 위로하시는 은혜는 평강을 누리는 은혜의 삶입니다.

1. 기뻐하라
성도의 가정에서 가족들이 가져야 하는 첫째의 마음은 기쁨입니다. 본문 16절에 "항상 기뻐하라"고 하였습니다. 이 말씀은 기뻐할 것이 있어서 기뻐하라는 것이 아닙니다. 지금, 여기에서 기뻐하라는 것입니다. 아침에 부모는 자녀들로 말미암아 기뻐해야 합니다. 자녀는 부모가 있음에 기뻐해야 합니다. 오늘이 있음을 기뻐해야 합니다.

2. 기도하라
성도가 가정에서 경험하는 것에 대한 첫째의 반응은 기도입니다.

우리는 아침을 시작할 때, 부족한 것, 마땅치 못한 일들로 인하여 짜증이 날 수 있습니다. 이때, 그러한 상황에 대한 반응이 기도로 이어져야 합니다. 하나님께서 못마땅한 것을 보여 주심은 그 문제를 하나님이 해결해 주시겠다는 신호입니다. 오늘, 기도하십시오.

3. 감사하라

성도가 가정에서 경험하는 것에 대한 첫째의 고백은 감사입니다. 오늘, 사랑하는 가족들과 아침을 맞이해서 감사해야 합니다. 부부가 서로 사랑하고 있음에 감사해야 합니다. 자녀들이 자라고 있음에 감사해야 합니다. 나의 기도가 응답될 것을 기다림에 감사하고, 구하지 않았는데 얻게 된 것이 있어 감사해야 합니다. 오늘도 감사하십시오.

우리에게 3대 강령이 있다면 본문 말씀입니다. 모든 것이 여호와로 말미암음이니, 언제나 기뻐하고, 기도하며, 감사해야 할 것입니다. 지금은 잠시 힘들게 하는 일도 합력해서 선을 이룸을 믿읍시다.

기도문

> 왕의 왕이신 하나님, 여호와 앞에서의 삶을 기쁨으로 시작하게 하시고, 어려움에는 기도하게 하시며, 하나님의 응답을 믿으며 감사하게 하시옵소서. 저희들의 생활이 믿음의 꽃을 피우고, 소망으로 열매를 맺게 하시옵소서. 예수님의 이름으로 기도드립니다. 아멘.

추석 가정 예배 | 불신자의 가정 6

부름의 상을 위하여

‖ 묵상기도의 말씀 ‖
"내가 이미 얻었다 함도 아니요 온전히 이루었다 함도 아니라 오직 내가 그리스도 예수께 잡힌 바 된 그것을 잡으려고 달려가노라"(빌 3:12).

- 찬송가_10장, 545장
- 성경 본문_빌립보서 3:7-15

말씀의 요약

자녀들에게 좋은 부모의 자리를 지키셨던 고 ○○○ 님을 추억하며, 하나님께 예배할 때, 우리에게 주시는 복된 말씀을 나누겠습니다. 오늘, 우리를 위로하시는 은혜는 상을 받기 위해서 푯대를 향하여 달려가자는 말씀입니다.

1. 내 주 되신 예수님

바울에게 있어서 예수님은 그의 주인이 되셨습니다. 그가 예수님을 주님이라 한 것은 자신을 그리스도에게 굴복시킨다는 의미입니다. 그는 하나님을 나의 하나님으로, 예수님을 내 주로 고백했습니다. 예수님은 모든 믿는 자의 주가 되시는 동시에 바울의 주가 되십니다. 그러므로 예수님을 주님으로 영접하는 개인적인 체험이 중요합니다.

2. 예수님을 아는 지식

바울은 내 주 그리스도 예수를 아는 지식이 가장 고상하다고 했습니다. 예수님에 대하여 주라고 고백하도록 하는 지식은 사람을 고상하게 만듭니다. 고상한 지식을 가진 사람은 고상한 삶을 추구합니다. 과거의 행실을 버리고, 예수님을 믿음으로 의롭다 함을 얻는 데 머무르지 않고 예수님의 고난과 부활의 능력에 동참하게 됩니다.

3. 약속되어 있는 상급

누구도 고난을 좋아하지 않지만 바울은 예수님의 고난에 동참하기를 원하였습니다. 그리고 예수님을 아는 단계에서 점점 성장하여 상얻는 사람이 되고 싶어 했습니다. 부르심의 상을 바라보았습니다. 그리하여 뒤를 돌아보게 하는 바리새인적인 과거의 것이나 주님을 위해 산 귀한 것들이 전진하는 일에 방해가 되지 않기를 원하였습니다.

우리가 신앙생활을 하면서 배우게 되는 예수님에 대한 지식은 우리의 인격을 새롭게 합니다. 사람의 욕심이나 탐욕을 거절하고, 예수님의 삶을 본받게 하여 인격을 고상하게 만들어 줍니다.

기도문

소원을 이루시는 여호와여, 천국을 향해 달려가는 경주자의 삶을 살게 하셨음에 즐거워합니다. 오늘, 고 ○○○ 님을 추모하는 가족들에게 상급을 바라보게 하시옵소서. 또한 이제껏 베풀어 주신 은혜를 감사히 알게 하시옵소서. 예수님의 이름으로 기도드립니다. 아멘.

추석 가정 예배 | **불신자의 가정 7**

은혜와 평강이 있기를

‖ **묵상기도의 말씀** ‖
"또 충성된 증인으로 죽은 자들 가운데에서 먼저 나시고 땅의 임금들의 머리가 되신 예수 그리스도로 말미암아 은혜와 평강이 너희에게 있기를 원하노라" (계 1:5 중반).

- 찬송가_67장, 295장
- 성경 본문_계 1:4-6

말씀의 요약

고 ○○○ 님의 자녀와 손자들, 일가친지들이 한 자리에 모여 고인을 회상하고, 여호와께 감사드릴 때, 우리에게 주시는 은혜의 말씀을 나누겠습니다. 오늘, 우리를 위로하시는 은혜는 하나님이 사랑 안에서 누리는 은혜와 평강의 복입니다.

1. 요한이 받은 계시

요한이 쓴 계시록은 하나님께서 속히 이루실 일에 대하여 기록한 것입니다. 하늘에 계신 주님께서 요한에게 나타나 장차 이루어질 일들에 대하여 쓰도록 하셨습니다. 그리하여 요한은 소아시아에 있는 일곱 교회에 편지를 쓰게 되었습니다. 요한은 뜨거운 마음으로 그 시대를 살아가는 성도들에게 자신이 받은 말씀을 전하려 했습니다.

2. 은혜와 평강

먼저, 요한은 아시아에 흩어져 있는 일곱 교회에 은혜와 평강이 있기를 간구하였습니다. 은혜는 예수 그리스도 안에서 누리게 된 새 생명의 삶이며, 평강은 하나님께서 주시는 평안입니다. 이 땅에 있는 그 무엇으로도 누릴 수 없는 즐거움이 평강입니다. 요한의 축복은 우리 모두가 서로를 향해서 축복의 메신저라는 것을 깨닫게 합니다.

3. 일곱 영

요한이 축복하는 은혜와 평강은 일곱 영으로 말미암습니다. 일곱 영은 일곱 천사를 가리키는 것입니다. 이 천사들은 세상을 구성하고 있는 요소들을 지키기도 하고, 나라들을 보살피기도 합니다. 따라서 이들이 주는 은혜와 평강은 현실의 삶을 구성하는 요건들을 지켜주는 축입니다. 사람이 사는 데 꼭 필요한 복입니다.

사도 요한은 아시아에 있는 교회들에 편지를 쓰면서 은혜와 평강이 있기를 축복하였습니다. 이 은혜와 평강은 예수님으로 말미암는 것입니다. 은혜와 평강은 성도들의 삶을 복 되게 해줍니다.

기도문

> 위로해 주시는 하나님, 고 ○○○ 님을 추모 하는 가족들에게 우리 주님의 은혜와 평강이 넘치기를 축복합니다. 오늘도 임마누엘의 은총을 사모하면서 하나님을 의지하는 지체들이 되기를 결단하게 하시옵소서. 예수님의 이름으로 기도드립니다. 아멘.

추석 성묘 예배 신자의 가정 1

주신 복을 즐거워하라

‖ **묵상기도의 말씀** ‖
"너와 네 자녀와 노비와 네 성중에 있는 레위인과 및 너희 중에 있는 객과 고아와 과부가 함께 네 하나님 여호와께서 자기의 이름을 두시려고 택하신 곳에서 네 하나님 여호와 앞에서 즐거워할지니라"(신 16:11).

- 찬송가_20장, 410장
- 성경 본문_신명기 16:9-12

말씀의 요약

오늘, 추석을 맞이해서 고 ○○○ 님의 묘를 찾아 하나님께 예배하게 하셨음에 감사드립니다. 오늘, 우리를 위로하시는 은혜는 내게 주신 복을 감사하자는 말씀입니다.

1. 복을 주신 하나님

이스라엘 백성들은 칠칠절을 지키면서 여호와께서 복을 주심을 즐거워해야 하였습니다. 그들은 하나님께서 베풀어주신 것을 헤아리며 감사하였습니다. 그래서 복을 주신 대로 힘을 헤아려 자원하는 예물을 드렸습니다. 우리도 지금까지 생명을 허락하신 것과 가정을 주신 것, 일할 수 있는 재능과 재물을 주신 것에 감사해야 합니다.

2. 예물을 드림

하나님의 은혜에 감사하여 그들은 예물을 구별하여 드렸습니다. 하나님께 감사는 예물을 드림으로써 고백되어지고, 송축하게 되는 것입니다. 그러므로 감사의 예물은 힘을 다하여, 자원하는 부담이 되도록 해야 합니다. 하나님께 드림을 자원한다는 것은 신앙을 고백하는 표현이며, 힘을 다해 드림은 진심을 나타내는 것입니다.

3. 여호와 앞에서 즐거워함

이스라엘 백성들에게 칠칠절은 즐거움의 축제입니다. 그들은 감사의 예물을 드리는 것을 즐거워하였습니다. 여호와를 위한 헌신은 즐거운 일입니다. 여호와께 하는 봉사는 감사의 한 표현입니다. 하나님의 은혜를 생각하면서 충만한 기쁨과 즐거운 마음으로 예물을 드려야 합니다. 우리는 감사의 예물을 드림이 즐겁도록 해야 합니다.

이스라엘 백성들에게 농사를 짓고, 거두어들인 수확의 즐거움을 축제로 지내게 하심은 하나님의 위로입니다. 그들은 농사를 짓는 동안에 수고하여 땀을 흘렸을 것입니다. 하나님은 즐거움을 주십니다.

기도문

사랑의 주 하나님, 고 ○○○ 님의 추모예배가 저희들에게 즐거움이 되기 원합니다. 고인을 기억하는 것이 자손들에게 기쁨이 되게 하시옵소서. 나아가 여호와의 뜻에 따라 순종을 하며, 하나님과의 동행을 즐거워하게 하시옵소서. 예수님의 이름으로 기도드립니다. 아멘.

추석 성묘 예배 | 신자의 가정 2

자기의 일을 살피라

‖ **묵상기도의 말씀** ‖
"형제들아 사람이 만일 무슨 범죄한 일이 드러나거든 신령한 너희는 온유한 심령으로 그러한 자를 바로잡고 너 자신을 살펴보아 너도 시험을 받을까 두려워하라"(갈 6:1).

- 찬송가_9장, 520장
- 성경 본문_갈라디아서 6:1-5

말씀의 요약

추석 명절에 사랑하는 가족들이 고 ○○○ 님을 추모하면서, 예배하게 하신 여호와께 영광을 드리고, 우리에게 주신 하나님의 말씀을 나누겠습니다. 오늘, 우리를 위로하시는 은혜는 여호와 앞에서 자신을 살피는 삶입니다.

1. 범죄한 형제를 바로 잡아주는 은혜

성도는 여호와 앞에서 자신을 살피기 위하여 형제가 범죄하면 바로 잡아주어야 합니다. 본문 1절에 "신령한 너희는 온유한 심령으로 그러한 자를 바로잡고"라고 하였습니다. 성도는 여호와 앞에서 각각 자신의 짐을 져야 합니다. 그 짐은 물론, 십자가를 뜻합니다. 그러므로 형제가 죄를 지으면 그를 권면하여 돌이키게 해야 합니다.

2. 두려워하는 은혜

성도는 여호와 앞에서 자신을 살피기 위하여 자신도 시험을 받을까 두려워해야 합니다. 본문 1절에 "너 자신을 살펴보아 너도 시험을 받을까 두려워하라"라고 하였습니다. 신령한 성도는 다른 사람이 죄를 범하는 것을 보면 심판자 같이 하지 않고 가슴 아파하면서 혹시 자신도 그 같은 죄에 떨어질까 두려워해야 합니다.

3. 짐을 서로 지는 은혜

성도는 여호와 앞에서 자신을 살피기 위하여 서로 짐을 져야 합니다. 본문 2절에 "너희가 짐을 서로 지라 그리하여 그리스도의 법을 성취하라"라고 하였습니다. 신령한 성도는 다른 사람이 죄를 범하는 것을 보면 냉소하지 아니하고, 자신도 책임이 있다는 것을 알고 그 책임을 같이 집니다. 그것이 서로 짐을 지는 것입니다.

우리는 늘 자신을 살펴서 여호와께 성결되어 있는가를 확인해야 합니다. 우리의 성결로 믿음이 연약해서 넘어진 형제를 붙잡아 줄 수 있습니다. 그리고 교회를 거룩하고 건강하게 합니다.

기도문

하나님 여호와여, 저희들의 죄에 대하여 회개케 하시는 은혜에 감사드립니다. 고 ○○○ 님께서 여호와께 대하여 자기를 살피셨던 은혜를 저희들도 사모하게 하시옵소서. 이로써 하나님의 영광을 먼저 구하는 은혜를 주시옵소서. 예수님의 이름으로 기도드립니다. 아멘.

| 추석 성묘 예배 | 신자의 가정 3 |

나를 붙드시는 여호와

‖ 묵상기도의 말씀 ‖
"내가 나의 목소리로 여호와께 부르짖으니 그의 성산에서 응답하시는도다(셀라) 내가 누워 자고 깨었으니 여호와께서 나를 붙드심이로다" (시 3:4-5).

• 찬송가_24장, 538장
• 성경 본문_시편 3:1-8

말씀의 요약

지금은 믿음의 행전을 다 쓰고, 하늘에 계시는 고 ○○○ 님으로 인하여 하나님의 이름을 송축하며, 우리에게 주신 하나님의 말씀을 나누겠습니다. 오늘, 우리를 위로하시는 은혜는 하나님께 붙들려져 있는 삶입니다.

1. 기도를 들어주시는 은혜

다윗은 그의 생애에서 하나님은 기도를 들어주시는 분으로 믿고 살아왔습니다. 본문 4절에서, "내가 나의 목소리로 여호와께 부르짖으니 그의 성산에서 응답하시는도다"라고 하였는데, 이는 기도에 대한 그의 간증입니다. 사실, 여호와 앞에서 다윗과 같이 기도로 산 사람은 드물 것입니다. 그만큼 기도의 은혜를 잘 알고 있었습니다.

2. 붙들어 주시는 은혜

다윗의 삶은 굴곡이 남달리 많았는데, 그때마다 여호와의 붙들어

주심이 있었습니다. 본문 5절을 봅시다. "내가 누워 자고 깨었으니 여호와께서 나를 붙드심이로다"라고 하였습니다. 다윗은 언제나 어디에서든지 하나님이 함께 하시고, 돕는 손길이 되어주셨음을 기뻐하였습니다. 그 붙들어 주심에 그는 임금의 자리를 지켰습니다.

3. 구원이 하나님께 있는 은혜

다윗은 여호와를 경외하는 삶을 통해서 인생의 구원은 오직 여호와께 있음을 확신하였습니다. 그는 하나님께서 자신의 기도를 들어주시고, 언제나 돕는 편이 되어주셨음은 결국 자신을 구원해주시는 은혜라 깨달았습니다. 그리하여 본문 8절에, "구원은 여호와께 있사오니"라고 하였습니다. 하나님의 은혜로 우리는 구원을 누립니다.

하나님은 사랑하는 자기의 자녀들에 대하여 붙들어 주시는 아버지이십니다. 그러므로 우리는 마땅히 하나님의 이름을 부르며, 무엇이든지 요청할 수 있습니다. 날마다 하나님의 구원을 보시기 바랍니다.

기도문

> 복의 근원이 되시는 하나님, 저희를 지금까지 붙들어 주셨음에 감사드립니다. 고 ○○○ 님의 복이 자손들에게까지 미쳐 저희들이 복을 누립니다. 그 은혜에 감사하여 하나님의 이름을 영화롭게 해드리는 가정이 되게 하시옵소서. 예수님의 이름으로 기도드립니다. 아멘.

추석 성묘 예배 | **신자의 가정 4**

풍성한 주의 은혜

‖ **묵상기도의 말씀** ‖
"미쁘다 모든 사람이 받을 만한 이 말이여 그리스도 예수께서 죄인을 구원하시려고 세상에 임하셨다 하였도다 죄인 중에 내가 괴수니라"(딤전 1:15).

- 찬송가_96장, 306장
- 성경 본문_디모데전서 1:12-15

말씀의 요약

고 ○○○ 님께서 영원한 집에 계심을 즐거워하여 하나님께 예배하는 이 시간에, 우리에게 주신 하나님의 말씀을 나누겠습니다. 오늘, 우리를 위로하시는 은혜는 하나님의 은혜가 우리에게 풍성하다는 말씀입니다.

1. 능하게 하심

바울의 예수님에 대한 고백은 첫째로 자신을 능하게 하셨다는 것입니다. 본문 12절에서, "나를 능하게 하신 그리스도 예수 우리 주께 내가 감사함은 나를 충성되이 여겨 내게 직분을 맡기심이니"라고 하셨습니다. 사실, 주님의 일은 하늘에 속한 것이므로 사람의 지혜나 능력으로 감당될 수 없습니다. 그래서 감사한다고 하였습니다.

2. 충성되이 여기심

본문 12절에서, "나를 능하게 하신 그리스도 예수 우리 주께 내가 감사함은 나를 충성되이 여겨 내게 직분을 맡기심이니"라고 고백한 것을 보면, 바울은 복음의 일꾼이 된 사실을 귀하게 여겼음을 알게 됩니다. 그는 자신의 직무에 대하여 충성스럽게 여기신 주님의 은혜를 찬양하였습니다. 주님께서 충성스럽게 여기셨다는 것입니다.

3. 긍휼에 대한 자랑

사람은 부끄러운 과거에 대하여 숨기고 싶어 합니다. 바울은 어떤 사람이었습니까? 성도들에게 자신의 과거를 말하기에는 부끄러울 수도 있었으나, 그는 당당하게, "전에는 비방자요 박해자요 폭행자였다"고 하였습니다. 그러면서 오직 하나님의 긍휼로 복음의 일꾼이 되었음을 밝혔습니다. 하나님의 긍휼은 어떤 사람이라도 변화시킵니다.

바울을 능하게 하신 성령님의 능력이 우리에게 있음에 감사합시다. 바울을 충성되이 여기신 하나님께서 또한 우리를 충성되이 여겨 사용하시기를 기대하십니다. 우리 자신을 하나님께 드려 맡기십시다.

기도문

> 생명의 주 여호와여, 고 ○○○ 님의 자손들을 축복합니다. 저희들이 누리는 풍성한 은혜에 감사를 잊지 말게 하시옵소서. 하나님의 인도하심에 따라 걸어가고, 생각과 행동을 여호와께 맡기는 은혜를 주시옵소서. 예수님의 이름으로 기도드립니다. 아멘.

추석 성모 예배 | 신자의 가정 5

예수 안에서 지어져 가라

‖ 묵상기도의 말씀 ‖
"그의 안에서 건물마다 서로 연결하여 주 안에서 성전이 되어 가고 너희도 성령 안에서 하나님이 거하실 처소가 되기 위하여 그리스도 예수 안에서 함께 지어져 가느니라" (엡 2:21-22).

- 찬송가_90장, 144장
- 성경 본문_에베소서 2:19-22

말씀의 요약

고 ○○○ 님을 아버지의 품으로 받아주셔서, 영원한 안식을 누리게 하신 하나님께 감사하여 예배하는 지금, 우리에게 주신 생명의 말씀을 나누겠습니다. 오늘, 우리를 위로하시는 은혜는 그리스도 안에서 우리 자신이 성전 된 삶을 살아야 한다는 말씀입니다.

1. 하나님의 권속

성도의 가정은 교회와 마찬가지로 하나님의 기관입니다. 가정에서 교회를 경험하고, 교회를 세워가는 은혜를 보아야 합니다. 하나님의 자녀들이 부모와 자녀의 관계로 살아가는 가정은 교회입니다. 그러므로 가정에서 우리는 각자에 대하여 하나님의 권속으로 받아들여야 합니다. 부모와 자녀의 관계 이전에 하나님의 자녀로 받아야 합니다.

2. 주 안에서

본문 21절을 보니, 주님 안에서 건물마다 연결되어야 한다고 하였습니다. 그리고 주님 안에서 성전이 되어 간다고 하였습니다. 그러므로 가정의 기초는 예수님이 되어야 합니다. 예수님의 생각, 예수님의 말씀에 가정을 바로 세워가야 합니다. 부모와 자녀가 예수님을 믿는 한 신앙의 고백을 기초로 해서 반석의 가정을 만들어야 합니다.

3. 하나님의 처소

하나님께서 가정을 주신 이유가 있습니다. 우리의 가정에 하나님이 머무르기 원하신다는 사실입니다. 하나님께서 계시는 가정이 복된 곳입니다. 부모와 자녀들이 교회에서 직분을 받아 봉사하지만, 정작 가정에 하나님이 계시지 못한다면 성도의 가정이라 할 수 없습니다. 우리는 식구들이 함께 거룩한 처소로 만들어가야 합니다.

성경은 우리를 가리켜 성전이라 하셨습니다. 그렇다면 진실로 나의 성전 됨에 감사하고 거룩한 처소로 지어져 가기를 사모해야 합니다. 성령님께서 머무르시기를 기뻐하시는 성전이 되어야 합니다.

기도문

좋으신 우리 하나님, 고 ○○○ 님께서 자신을 성전으로 여기고 사셨던 신앙이 오늘, 저희들에게 이어지게 하시옵소서. 존귀와 영광 그리고 모든 권세가 주님께 있음을 인정해 드리는 삶으로 살아가게 하시옵소서. 예수님의 이름으로 기도드립니다. 아멘.

추석 성묘 예배 신자의 가정 6

주 안에서 기뻐하라

‖ 묵상기도의 말씀 ‖
"개들을 삼가고 행악하는 자들을 삼가고 몸을 상해하는 일을 삼가라 하나님의 성령으로 봉사하며 그리스도 예수로 자랑하고 육체를 신뢰하지 아니하는 우리가 곧 할례파라" (빌 3:2-3).

• 찬송가_19장, 94장
• 성경 본문_빌립보서 3:1-6

말씀의 요약

우리에게 믿음의 삶에 대한 교훈을 보이시고, 지금은 천국에 계시는 고 ○○○ 님을 추모하면서, 하나님께 영광을 드리는 이 시간에, 우리에게 주신 생명의 말씀을 나누겠습니다. 오늘, 우리를 위로하시는 은혜는 복음의 기쁨을 누리는 삶입니다.

1. 예수님을 알기 전의 바울

바울은 자기가 율법의 의로는 흠이 없는 자라고 교만했었습니다. 왜냐하면 그는 철저한 율법주의자인 바리새인이었기 때문입니다. 그는 율법의 의로는 흠이 없다고 했으니 의는 율법을 지킴으로 얻는 것이고, 자기는 그 율법을 준수함에 있어서 흠이 없었다고 자부하였던 것입니다. 바리새인들은 누구나 그렇게 생각했습니다.

2. 죄인 중의 괴수

바울은 예수 그리스도를 자신의 구주로 알고 난 후에 자기를 가리켜 '죄인 중의 괴수'라고 고백하였습니다. 나아가 그는 만삭되지 못하여 낳은 자와 같다고 고백하였습니다. 그는 예수님을 믿은 후에 예수님께서 율법의 마침이 되셨으므로(롬 10:4), 예수님을 믿으면 의롭다 함을 얻는다는 진리를 깨닫게 되었습니다.

3. 복음의 능력

바울은 예수님을 그리스도로 안 후에 예수님의 일꾼이 되었습니다. 그리스도의 복음의 능력의 위대함을 만천하에 알리기 위해 열심히 온 세상을 다니면서 복음을 전하였습니다. 과거에 그토록 교만했던 바울이 복음의 증인이 된 것은 예수 그리스도를 바르게 알았기 때문입니다. 예수님에 대한 바른 믿음과 지식은 사람을 새롭게 합니다.

교만했던 우리를 겸손하게 하시고, 은혜를 사모하게 하셨음에 감사드립시다. 우리도 바울의 고백처럼 죄인 중의 괴수였습니다. 그러나 복음의 능력이 우리를 주님의 일꾼으로 만들었으니 충성합시다.

기도문

> 기도를 들으시는 여호와여, 고 ○○○ 님께서 늘 하늘을 소망하며 지내셨던 삶을 기억합니다. 그 은혜를 저희들에게도 주시옵소서. 세상의 헛된 것들에 마음을 두지 않고, 하나님의 이름을 높여 기리기를 다짐하게 하시옵소서. 예수님의 이름으로 기도드립니다. 아멘.

추석 성묘 예배 | 신자의 가정 7

전도의 아름다운 수고

∥ 묵상기도의 말씀 ∥
"형제여 성도들의 마음이 너로 말미암아 평안함을 얻었으니 내가 너의 사랑으로 많은 기쁨과 위로를 받았노라" (몬 1:7).

- 찬송가_40장, 495장
- 성경 본문_빌레몬서 1:8-10

말씀의 요약

지금은 신앙의 본이 되신 고 ○○○ 님을 기억하면서, 그분과의 삶을 나누게 하신 여호와의 이름을 높이는 시간에, 우리에게 주신 말씀의 은혜를 나누겠습니다. 오늘, 우리를 위로하시는 은혜는 우리가 복음을 전하는 전도자로 살아야 한다는 말씀입니다.

1. 옥에서도 전도하는 바울

바울은 옥에 갇혀 있으면서도 전도했습니다. 전도는 장소를 구애받지 않습니다. 옥중에서 전도하는 바울은 많은 해산의 수고를 하였을 것입니다. 옥에는 여러 종류의 사람들이 들어오는데, 바울이 전하는 복음을 듣고 처음에는 잘 받아들이지 않다가 후에 복음을 영접하고 변하여 새사람 되는 것을 볼 때 그 기쁨이 얼마나 컸겠습니까?

2. 오네시모를 위한 부탁

빌레몬에게는 오네시모라는 종이 있었습니다. 오네시모는 자기 주인의 재산을 탈취해서 로마로 도망을 갔다가 바울이 전하는 복음을 듣고 자신의 죄를 회개하고 예수님을 영접하였습니다. 바울은 그를 빌레몬에게 돌려보내면서 한 통의 편지를 썼습니다. 오네시모가 주 안에서 형제가 되었으니, 그를 형제처럼 받아달라고 부탁하였습니다.

3. 전도자의 기쁨

영적 자녀를 낳는 전도는 누구나 할 수 있습니다. 나이가 많아도, 옥중에 있어도, 영적 자녀를 낳을 수 있으니 전도할 수 없는 사람은 아무도 없습니다. 바울은 복음 전도에 힘써 오네시모와 같은 아들을 얻는 기쁨을 누렸습니다. 전도자들은 누구나 믿음의 아들을 얻는 기쁨을 누립니다. 이 기쁨은 전도자만이 누릴 수 있는 특권입니다.

지금도 하나님의 소망은 땅 끝까지 이르러 복음이 증거되는 것입니다. 구원하시려고 작정된 영혼들이 여호와께로 돌아오기를 기다리십니다. 죄인의 구원을 위한 열심의 하나님께 충성을 다해야 합니다.

기도문

하늘에 계신 하나님, 고 ○○○ 님께서 전도자로 사셨던 모습을 기억합니다. 생명을 구하기 원하시는 하나님께 순종했던 열정이 저희들의 것이 되게 하시옵소서. 구주를 위해서 살게 하시고, 그 삶이 기쁨이 되게 하시옵소서. 예수님의 이름으로 기도드립니다. 아멘.

추석 성묘 예배 | 불신자의 가정 1

여호와는 나의 하나님

‖ **묵상기도의 말씀** ‖
"야곱이 서원하여 이르되 하나님이 나와 함께 계셔서 내가 가는 이 길에서 나를 지키시고 먹을 떡과 입을 옷을 주시어 내가 평안히 아버지 집으로 돌아가게 하시오면 여호와께서 나의 하나님이 되실 것이요"(창 28:20-21).

- 찬송가_39장, 402장
- 성경 본문_창세기 28:16-22

말씀의 요약

우리 다같이 ○○○ 님의 어르신이신 고 ○○○ 님을 추모하면서, 하나님께서 이 가정에 복을 주시기로 예비하시고 주시는 말씀의 은혜는 여호와가 나의 하나님이 되시는 삶입니다.

1. 쫓겨 가는 길의 야곱

야곱이 외삼촌의 집으로 가는 이유는 에서를 피하기 위함이었습니다. 야곱의 기대와는 달리 아버지를 속인 후에 그가 겪어야 했던 것은 집을 떠나는 것이었습니다. 그는 처음으로 집을 떠나 여행을 하게 된 것입니다. 그러나 이 여행은 언제 다시 집으로 돌아올지 모르는 고향을 떠남이었습니다. 그는 밤이 되어 광야에서 자게 되었습니다.

2. 하나님의 사자

야곱이 루스에서 돌을 베개하고 유숙했다는 사실은 야곱의 삶이 곧 고해야만 했음을 보여줍니다. 그러나 하늘의 하나님은 야곱을 혼자 있게 하지 않으셨습니다. 루스의 야곱은 홀로 버려진 것처럼 보였으나 거기에 하나님께서 함께하셔서 위로가 되어 주셨습니다. 하나님이 함께하시면 그 길이 평탄하고 형통하게 됩니다.

3. 하나님의 선언

야곱은 루스에서 머물던 밤에 하나님께 놀라운 약속을 받게 되었습니다. 본문 15절을 봅시다. "내가 너와 함께 있어 네가 어디로 가든지 너를 지키며 너를 이끌어 이 땅으로 돌아오게 할지라 내가 네게 허락한 것을 다 이루기까지 너를 떠나지 아니하리라." 하나님의 약속을 믿는 자들은 두려움에 마음을 빼앗기지 않습니다.

야곱이 형을 피하여 도망을 갈 때, 하나님께서는 그를 지켜주셨습니다. 야곱은 하나님의 동행을 알지 못하였으나 하나님의 그를 향하신 사랑은 어디에서나 함께하셨습니다. 하나님은 함께하십니다.

기도문

> 전지전능하신 하나님, 고 ○○○ 님의 생애에 도움이 되셨던 하나님을 찬양합니다. 이 가정에 여호와의 은혜가 함께하시기 원합니다. 늘 착한 행실과 열매를 맺는 삶으로 하나님의 자녀답게 살아가는 식구들이 되게 하시옵소서. 예수님의 이름으로 기도드립니다. 아멘.

추석 성묘 예배 | 불신자의 가정 2

성령으로 살고, 행하라

‖ **묵상기도의 말씀** ‖
"만일 우리가 성령으로 살면 또한 성령으로 행할지니 헛된 영광을 구하여 서로 노엽게 하거나 서로 투기하지 말지니라" (갈 5:25-26).

- 찬송가_34장, 613장
- 성경 본문_갈라디아서 5:22-26

말씀의 요약

이 시간에, 고 ○○○ 님을 추모하면서 여호와의 은혜에 감사드리고, 그의 후손들이 주님의 이름으로 모여 예배할 때, 이 가정에 주신 말씀을 나누도록 하겠습니다. 오늘, 우리를 위로하시는 은혜는 성령님의 권고하심에 따라 순종하라는 말씀입니다.

1. 나무와 가지

예수님께서는 제자들에게 이르시기를, 자신을 나무라고 비유하셨습니다. 그리고 주님을 따르는 제자들은 가지라고 하시면서 예수님께 붙어 있을 것을 강조하셨습니다. 모든 열매들은 가지에 맺히는데, 그 가지는 나무에 달려 있어야 합니다. 나무에 붙어 있지 않은 가지에서는 열매를 볼 수 없듯이 성도는 주님과 연결되어 있어야 합니다.

2. 성령의 열매

성도에게는 성령님으로 말미암은 열매를 맺어야 될 의무가 있습니다. 그런데 우리의 연약함이 성령님의 열매를 맺는데 방해가 됩니다. 육체의 소욕은 성령을 거스르고 성령의 소욕은 육체를 거스르기 때문입니다. 그리하여 성령님의 충만함을 받아 사랑과 희락과 화평과 오래 참음과 자비와 양선과 충성과 온유와 절제를 이루어야 합니다.

3. 십자가에 못 박으라

성도가 성령님의 열매를 맺기 위해서는 성령님께 충만해야 합니다. 그러나 자기 내부적으로는 육신의 사람을 십자가에 못 박는 은혜가 있어야 합니다. 하나님의 자녀가 되기 전에 지니고 있던 육체의 본성인 정욕과 탐심을 십자가에 못 박아야 합니다. 정욕과 탐심을 버리지 않고서는 성령님의 충만하심은 일시적일 수밖에 없습니다,

예수님께서 승천하시며 제자들에게 약속하신 것이 성령님의 강림이었습니다. 성령님께서 주님께서 제자들과 함께 하셨던 것처럼, 우리와 함께 하십니다. 성령님의 충만하심을 사모하며 살아야 합니다.

기도문

> 복의 문을 여시는 여호와여, 하나님의 백성들이 성령님의 인도에 따라 사는 은혜를 주시옵소서. 여호와께 복 된 식구들이 이후로, 사는 날 동안에 시간과 물질, 생명까지도 주 예수님께 바치는 은혜를 보게 하시옵소서. 예수님의 이름으로 기도드립니다. 아멘.

추석 성묘 예배 | 불신자의 가정 3

가정의 회복

∥ 묵상기도의 말씀 ∥
"여호와께서 집을 세우지 아니하시면 세우는 자의 수고가 헛되며 여호와께서 성을 지키지 아니하시면 파수꾼의 깨어 있음이 헛되도다"(시 127:1).

- 찬송가_427장, 554장
- 성경 본문_시편 127:1-5

말씀의 요약

우리 함께 고 ○○○ 님을 추모하는 자리가 하나님께 영광이 되기를 소망하며, 고인의 자손들과 우리 모두에게 주시는 하나님의 말씀을 나누겠습니다. 오늘, 우리를 위로하시는 은혜는 가정을 세워주시는 하나님에 대한 말씀입니다.

1. 하나님의 선물

가정은 하나님이 인간에게 주신 선물입니다. 하나님께서 공동체로 지으신 것이 가정입니다. 하나님께서 아담에게 하와를 아내로 주심으로써 아담은 완전해졌습니다. 예수님께서 공생애를 시작하실 때, 첫 번째의 이적을 혼인 잔치 집에서 펼치셨음은 의미하는 바가 큽니다. 가정은 하나님을 아버지로 모시고 사는 천국의 모형입니다.

2. 축복의 통로

하나님께서 인생에게 복을 주실 때, 먼저 가정을 복되게 하십니다.

사람이 하나님께로부터 복을 받을 때, 성읍과 들이 복이 내리는 곳이 됩니다. 이는 가정을 복되게 하신다는 것입니다. 그렇다면, 오늘 우리는 나의 가정이 여호와 앞에서 복되도록 해야 합니다. 여호와께서 보시기에 복을 주실 가정으로 회복시켜야 합니다.

3. 여호와께서 세우심

세상을 사는 사람으로서 자신이나 가정이 복되지 않기를 바라는 사람은 없습니다. 그러나 많은 이들이 복을 받지 못하고, 가정에서 복을 누리지 못합니다. 그것은 여호와께서 세우시지 않았기 때문입니다. 사철에 봄바람이 부는 것과 같은 가정을 이루려면 무엇보다도 하나님을 주인으로 섬기는 믿음이 그 가정에 기초가 되어야 합니다.

하나님은 우리를 성별해 주심과 같이 가정도 세상에서 구별해 주십니다. 그리고 가정에 복을 주셔서 천국의 모형을 경험하게 하십니다. 우리는 가정을 통하여 아버지이신 하나님의 품에 안겨야 합니다.

기도문

> 만족하게 하시는 하나님, 이 가정에 하나님의 영광이 나타나고, 은혜로 이끌어 주셨음에 감사드립니다. 귀한 가족에게 복을 주시고, 불과 같은 성령님의 충만하심을 원하는 식구들에게 주님의 이름만으로 감격하는 은혜를 주시옵소서. 예수님의 이름으로 기도드립니다. 아멘.

추석 성묘 예배 | **불신자의 가정 4**

온전한 상을 받으라

‖ 묵상기도의 말씀 ‖
"누구든지 이 교훈을 가지지 않고 너희에게 나아가거든 그를 집에 들이지도 말고 인사도 하지 말라 그에게 인사하는 자는 그 악한 일에 참여하는 자임이라"(요이 1:10-11).

- 찬송가_35장, 493장
- 성경 본문_요한이서 1:7-11

말씀의 요약

나그네의 삶을 아름답게 사셨던 고 ○○○ 님을 추모하는 가족들이 여호와께 합당한 영광을 드리는 지금, 하나님께서 우리에게 주시는 소망의 말씀을 나누겠습니다. 오늘, 우리를 위로하시는 은혜는 성도들에게 상급이 약속되어 있다는 말씀입니다.

1. 미혹하는 자를 주의하라

성도는 때가 되면 미혹하는 자가 나타남을 알아야 합니다. 본문 7절을 보니, "미혹하는 자가 세상에 많이 나왔나니 이는 예수 그리스도께서 육체로 오심을 부인하는 자라"라고 하였습니다. 미혹한다는 것은 남의 정신을 흐리게 하여 정신이 헷갈려서 그릇된 길로 가도록 유혹하는 것입니다. 이들은 우리를 믿음에서 떨어뜨립니다.

2. 자신을 삼가라

성도는 자신을 지켜 스스로 삼가야 합니다. 본문 8절에서는, "너희는 스스로 삼가 우리가 일한 것을 잃지 말고 오직 온전한 상을 받으라"라고 하였습니다. 미혹하는 자의 말이나 적그리스도의 꼬임에 넘어가지 말고, 오직 자신을 지켜 하나님을 섬겨야 합니다. 우리가 믿음에서 온전하면 장래에 약속된 상을 받을 것입니다.

3. 교훈 안에 있도록 하라

성도는 교훈 안에 있도록 주의해야 합니다. "교훈 안에 거하는 그 사람은 아버지와 아들을 모시느니라"라고 하였습니다. 주님의 교훈은 구원의 진리를 말하는 것인데 그리스도의 복음 외에 다른 복음을 전하면 하늘로서 온 천사라도 저주를 받습니다. 적그리스도의 꼬임은 악령의 지배를 받게 하고, 예수님에게서 떠나도록 만듭니다.

나를 중심해서 신앙생활을 하면 미혹을 받아 넘어지게 됩니다. 하나님의 자녀로 산다는 것은 내가 중심이던 삶을 거절하고, 하나님이 중심이 되는 것입니다. 하나님의 뜻에 자기를 맡겨야 합니다.

기도문

> 하늘에 계신 하나님, 고 ○○○ 님을 기억하면서, 하나님께 열납이 되기를 사모하는 가족들을 축복합니다. 저희 가정의 지체들이 오직 예수님의 이름이 기쁨이 되고, 예수님의 보혈의 은혜를 날마다 새롭게 하여 주시옵소서. 예수님의 이름으로 기도드립니다. 아멘.

추석 성묘 예배 | 불신자의 가정 5

화평을 도모하라

‖ **묵상기도의 말씀** ‖
"너희가 행할 일은 이러하니라 너희는 이웃과 더불어 진리를 말하며 너희 성문에서 진실하고 화평한 재판을 베풀고"(슥 8:16).

- 찬송가_19장, 220장
- 성경 본문_마태복음 5:9

말씀의 요약

고 ○○○ 님을 추억하는 이 시간에 후손들이 생전 고인의 유업을 따르기로 다짐하며, 하나님께 예배할 때, 우리에게 주시는 영생의 말씀을 나누겠습니다. 오늘, 우리를 위로하시는 은혜는 화평의 사람이 되어 사는 삶입니다.

1. 하나님과의 화평

모든 자녀들은 자신의 부모를 가까이 하고, 사랑하는 것이 당연합니다. 성도를 하나님의 자녀라 할 때, 우리는 아버지가 되시는 하나님을 가까이 해야 합니다. 사람은 하나님과 화평하도록 지어졌습니다. 하나님과 교제하는 사람은 이웃과 교제할 수 있습니다. 그러나 하나님과 화평하지 못하면, 이웃과 화평에 이르지 못합니다.

2. 이웃과의 화평

하나님과 화평하게 되면, 이웃에게 화평해야 하는 거룩한 직분을 맡게 됩니다. 주님의 보혈에 의해서 하나님과의 화평이 이루어지면, 그 사랑을 이웃에게 나누어야 합니다. 그래서 바울은 "할 수 있거든 너희는 모든 사람으로 더불어 화평하라"고 했습니다. 세상 사람들이 성도와 화평하게 되면, 그들은 하나님과의 화평으로 나가게 됩니다.

3. 화평을 이룬 결과

하나님과 화평을 이루면 우리에게는 놀라운 복이 옵니다. 하나님의 아들이라 일컬음을 받게 된다고 약속하셨습니다. 하나님의 실질적인 자녀로서의 자격을 갖춘 것을 의미하는 것입니다. 그리고 아버지가 아들에게 주는 모든 복이 자기의 소유가 되는 것입니다. 나아가 그리스도 안에서 하나님의 기업의 후사가 되어 천국 백성이 됩니다.

예수님의 죽으심은 하나님과 우리 사이의 막힌 담을 허무는 것이셨습니다. 우리의 죄가 하나님께 대하여 담이 되었던 것입니다. 이제, 우리는 예수님의 보혈의 공로로 하나님과의 화평을 이루어야 합니다.

기도문

> 왕의 왕이신 하나님, 고 ○○○ 님을 추모하면서 예배로 여호와께 나아가는 가족들을 축복합니다. 저희들이 보혈의 은총을 찬송하는 중에, 하나님을 섬기게 하시옵소서. 그 은총에 감사하여 주님께 충성을 다하게 하시옵소서. 예수님의 이름으로 기도드립니다. 아멘.

추석 성묘 예배 | 불신자의 가정 6

나의 일과 남의 일을 돌아보라

‖ **묵상기도의 말씀** ‖
"각각 자기 일을 돌볼 뿐더러 또한 각각 다른 사람들의 일을 돌보아 나의 기쁨을 충만하게 하라"(빌 2:4).

- 찬송가_67장, 223장
- 성경 본문_빌립보서 2:4-8

말씀의 요약

자녀들에게 좋은 부모의 자리를 지키셨던 고 ○○○ 님을 추억하며, 하나님께 예배할 때, 우리에게 주시는 복된 말씀을 나누겠습니다. 오늘, 우리를 위로하시는 은혜는 성도의 대인관계에서 자기에게와 타인에게 유익된 삶의 말씀입니다.

1. 돌아보는 은혜

만일, 성도가 자신만 돌아보고 남의 일은 돌아보지 않는다면 그는 주님의 사람이 아닙니다. 나아가 자기 일은 돌보지 않고 남의 일만 돌아보는 사람도 주님의 마음이 아닙니다. 예수님은 하나님의 아들로서의 일과 종으로서의 일을 돌볼 뿐만 아니라 남의 일도 돌보셨습니다. 우리는 여호와 앞에서 자신을 살피고 이웃을 돌보아야 합니다.

2. 주님의 십자가

남을 돌보는 일에 있어서 예수님의 십자가의 죽으심보다 더 큰 것은 없습니다. 예수님은 인생의 근본적인 문제를 해결해 주시기 위해 십자가에서 죽으셨습니다. 그러므로 예수님 없는 십자가, 십자가 없는 예수님은 우리와 아무런 상관이 없습니다. 예수님이 없는 십자가는 하나의 형틀에 지나지 않게 됩니다.

3. 십자가에서 보여 준 겸손

바울은 빌립보 성도들이 예수님의 십자가를 바라보기 원하였습니다. 주님의 십자가만이 우리를 겸손하게 하기 때문입니다. 예수님의 십자가는 겸손의 극치이며, 남을 낮게 여기는 사랑의 행위이며, 남을 돌보는 구원의 행위입니다. 하나님의 아들이 십자가를 지셨던 것처럼, 우리는 하나님의 자녀로서 이웃을 위하여 십자가를 져야 합니다.

우리는 십자가의 은혜를 통해서 십자가의 진리를 배워야 합니다. 그리고 우리 안에서 십자가를 이루는 삶을 살아야 하는데, 바로 자신을 돌아보고, 이웃을 돌아보는 것입니다. 이웃에게 마음을 엽시다.

기도문

> 소원을 이루시는 여호와여, 오늘, 고 ○○○ 님을 추모할 때, 저희 가정에 십자가에서 흘리신 보혈이 적셔지는 것을 느끼기 원합니다. 저희 형제들이 하나님께 이끌리어 일평생 하나님의 품에 있기를 사모하면서 지내게 하시옵소서. 예수님의 이름으로 기도드립니다. 아멘.

추석 성묘 예배 | **불신자의 가정 7**

세세토록 주의 말씀

‖ 묵상기도의 말씀 ‖
"너희가 거듭난 것은 썩어질 씨로 된 것이 아니요 썩지 아니할 씨로 된 것이니 살아 있고 항상 있는 하나님의 말씀으로 되었느니라" (벧전 1:23).

- 찬송가_22장, 199장
- 성경 본문_베드로전서 1:23-25

말씀의 요약

추석에 고 ○○○ 님의 자녀와 손자들, 일가친지들이 성묘를 하며 고인을 회상하고, 여호와께 감사드릴 때, 우리에게 주시는 은혜의 말씀을 나누겠습니다. 오늘, 우리를 위로하시는 은혜는 하나님의 말씀이 영원함을 가르치심입니다.

1. 풀과 같은 육체

본문 24절에, "모든 육체는 풀과 같고 그 모든 영광은 풀의 꽃과 같으니 풀은 마르고 꽃은 떨어지되"라고 하였습니다. 이는 인간의 모습을 풀에다 비유한 것으로 인간은 유한하다는 것입니다. 우리는 영원토록 이 땅에서 사는 사람을 볼 수 없습니다. 우리가 죄인이었을 때, 죽음의 형벌이 내려졌고, 사람은 한번은 죽습니다.

2. 풀의 꽃과 같은 영광

본문 24절을 다시 봅시다. "모든 육체는 풀과 같고 그 모든 영광은 풀의 꽃과 같으니 풀은 마르고 꽃은 떨어지되"라고 하였습니다. 영광을 풀의 꽃으로 비유했으니, 이 땅에서 보게 되는 어떤 영광도 오래 가지 않는다는 말씀입니다. 이는 우리에게 헛된 영광을 위하여 동분서주하지 말아야 할 것을 교훈해 줍니다.

3. 영원한 말씀

이 땅에 있는 것은 다 유한하고, 시간이 가면 사라집니다. 그러나 하나님의 말씀은 영원하다 하였습니다. 본문 25절에서, "오직 주의 말씀은 세세토록 있도다"라고 하였습니다. 이 말씀은 23절에 기록되어 있듯이, 죄인이 거듭나서 의인이 되도록 하신 말씀입니다. 이 말씀으로 생명을 얻은 우리입니다. 우리는 말씀으로 살아야 합니다.

성도는 하늘에 속해 있기에 땅의 것을 사랑하지 말라고 하셨습니다. 영원을 사모하는 우리이기에 영원히 있는 것에 마음을 두어야 합니다. 변하지 않는 하나님의 말씀으로 만족하기를 축복합니다.

기도문

> 위로해 주시는 하나님, 저희들의 믿음이 말씀으로 세워지게 하시옵소서. 잠시 있다가 사라지는 것들을 멀리하기 원합니다. 주님께서 몸을 버려 피를 흘리셔서 죄를 속함 받았다는 감격으로 주님을 더욱 사랑하게 하시옵소서. 예수님의 이름으로 기도드립니다. 아멘.

장례 후 위로 예배 | 신자의 가정 1

하나님의 긍휼히 여기심

‖ 묵상기도의 말씀 ‖
"그러나 내가 유다 족속을 긍휼히 여겨 그들의 하나님 여호와로 구원하겠고 활과 칼이나 전쟁이나 말과 마병으로 구원하지 아니하리라 하시니라"(호 1:7).

- 찬송가_64장, 300장
- 성경 본문_호세아 1:2-9

말씀의 요약

하나님의 은혜로 장례를 마치고, 고 ○○○ 님의 길을 따르기를 다짐하여 하나님께 예배하게 하셨음에 감사드리며, 우리에게 주신 하나님의 말씀을 나누겠습니다. 오늘, 우리를 위로하시는 은혜는 여호와의 긍휼을 받는 삶입니다.

1. 음란한 아내에게 임한 은혜

본문 2절에서 여호와께서 호세아에게 하신 말씀을 봅시다. "너는 가서 음란한 여자를 맞이하여 음란한 자식들을 낳으라." 구약의 율법에 따르면 아내가 음란하였을 때, 남편이 그녀를 버리게 하였습니다. 그런데 상징적이지만, 음란한 여자를 맞이하라고 하였습니다. 이는 이스라엘 백성들을 향하신 하나님의 사랑을 보여주는 은혜입니다.

2. 하나님의 긍휼

하나님은 선민에 대한 사랑을 거두시지 않습니다. 그들의 우상숭배의 죄를 음란으로 비유하시면서도 유다 족속에게 긍휼을 베푸신다고 하셨습니다. 본문 7절에, "유다 족속을 긍휼히 여겨 그들의 하나님 여호와로 구원하겠고"라고 한 말씀이 있습니다. 죄는 하나님의 진노를 사지만, 하나님의 긍휼이 구원을 약속해 주는 것입니다.

3. 자녀로 삼으심

하나님의 자비는 선민을 회복시켜 주시고, 그들을 하나님의 자녀로 삼게 하십니다. 여호와의 공의는 죄에 대하여 벌을 받게 하지만, 여호와의 자비는 죄인을 불쌍히 여기셔서 구속의 은혜를 베풀어 주십니다. 우리는 이러한 하나님의 사랑이 예수님에게서 이루어졌음을 믿습니다. 주님께서 십자가의 제물이 되시고, 속량해 주신 것입니다.

하나님은 그의 백성들을 사랑하십니다. 혹시 죄를 지어서 잠시 하나님의 진노를 받는다 해도, 자기 백성들에 대한 사랑에는 변함이 없으십니다. 그러므로 회개하면 용서해 주시고, 회복시켜 주십니다.

기도문

사랑의 주 하나님, 저희를 향한 여호와의 자비하심에 감사드립니다. 장례식을 마치고 귀가한 이 시간에, 하나님의 은혜를 다시 깨닫습니다. 형편과 처지를 아시는 하나님께서 보호해 주심을 믿고 평안히 살아가도록 하시옵소서. 예수님의 이름으로 기도드립니다. 아멘.

`장례 후 위로 예배` `신자의 가정 2`

이스라엘을 구원하라

‖ **묵상기도의 말씀** ‖
"여호와께서 그를 향하여 이르시되 너는 가서 이 너의 힘으로 이스라엘을 미디안의 손에서 구원하라 내가 너를 보낸 것이 아니냐 하시니라"(삿 6:14).

- 찬송가_38장, 521장
- 성경 본문_사사기 6:11-19

말씀의 요약

하나님의 품에 안기신 고 ○○○ 님을 기억하면서, 예배하게 하신 여호와께 영광을 드리고, 우리에게 주신 하나님의 말씀을 나누겠습니다. 오늘, 우리를 위로하시는 은혜는 자기 백성들을 돌보시는 하나님을 소망하는 삶입니다.

1. 찾아와 주시는 하나님

이스라엘 백성들이 미디안의 압제에서 고생하고 있을 때, 하나님께서 그들의 간구를 들어주셨습니다. 하나님께서는 미디안의 손에서 이스라엘 백성들을 구원할 자로 기드온을 선택하셨습니다. 그래서 그에게 찾아오셨습니다. 하나님은 고통 받는 백성에게 찾아오십니다. 하나님을 의지하면 하나님께서는 그 길을 나타내 주십니다.

2. 애통을 보시는 하나님

미디안의 압제에 견딜 수 없어 그들이 부르짖을 때, 하나님은 찾아오셨습니다. 본문 16절을 보니, "내가 반드시 너와 함께하리니 네가 미디안 사람 치기를 한 사람을 치듯 하리라"라고 하였습니다. 곤경에 처할 때만 하나님을 찾고 평안할 때는 하나님을 배반하는 이스라엘을 하나님께서 변함없는 모습으로 품어주셨습니다.

3. 기다리시는 하나님

본문 8절에서 하나님은 기드온에게 말씀하시기를, "너 돌아오기를 기다리리라"고 하셨습니다. 하나님은 기드온이 돌아오기를 기다리셨을 뿐 아니라 그가 드리는 예물도 받으셨습니다. 하나님은 우리를 끝까지 기다리시는 분입니다. 탕자가 아버지 품에 돌아오기를 기다리듯이 하나님은 지금도 자비를 구하는 자들을 기다리고 계십니다.

미디안의 압제에서 이스라엘 백성들을 구원해 주심은 하나님의 사랑을 보여주심입니다. 우리가 믿는 하나님은 우리를 사랑하시는 아버지이십니다. 우리를 구원하시는 사랑을 기대하시기 바랍니다.

기도문

> 하나님 여호와여, 고 ○○○ 님의 장례식을 하나님의 자비하심 속에서 마치고 집으로 돌아온 유족들을 축복합니다. 이제, 주님을 모시고 사는 가족들에게 예수님의 사랑이 바다의 물결처럼 임하는 은혜를 보게 하시옵소서. 예수님의 이름으로 기도드립니다. 아멘.

장례 후 위로 예배 | 신자의 가정 3

주의 뜻을 행하게 하소서

‖ **묵상기도의 말씀** ‖
"아침에 나로 하여금 주의 인자한 말씀을 듣게 하소서 내가 주를 의뢰함이니이다 내가 다닐 길을 알게 하소서 내가 내 영혼을 주께 드림이니이다"(시 143:8).

- 찬송가_24장, 438장
- 성경 본문_시편 143:8-12

말씀의 요약

지금은 믿음의 행전을 다 쓰고, 하늘에 계시는 고 ○○○ 님으로 인하여 하나님의 이름을 송축하며, 우리에게 주신 하나님의 말씀을 나누겠습니다. 오늘, 우리를 위로하시는 은혜는 하나님의 뜻이 이루어지는 삶입니다.

1. 하나님에 대한 고백

본문 10절이 우리에게 은혜를 주시는 메시지의 핵심입니다. 우선, 10절의 앞부분을 봅시다. "주는 나의 하나님이시니"라고 하였습니다. 다윗은 하나님에 대한 신앙고백으로 나의 하나님이라 하였습니다. 하나님은 누구십니까? 성도라면 누구나 하나님의 존재를 인정합니다. 그러나 그 하나님이 나의 하나님이십니까?

2. 순종에 대한 간구

이제, 10절의 중간 부분을 봅시다. "나를 가르쳐 주의 뜻을 행하게 하소서"라고 하였습니다. 이 간구는 하나님의 뜻을 찾겠다는 결단이며, 하나님의 뜻을 깨달은 그대로 무엇이든 순종하겠다는 약속입니다. 다윗은 하나님의 뜻을 구했습니다. 우리에게는 하나님을 향해서, "무엇이든 말씀하옵소서 행하겠나이다"라는 마음이 있어야 합니다.

3. 인도하심의 요청

10절의 마지막 부분입니다. "주의 영은 선하시니 나를 공평한 땅에 인도하소서"라고 하였습니다. 다윗은 하나님을 나의 하나님으로 경외하고 있기에, 자신을 갖고 하나님의 인도를 요청하였습니다. 나의 하나님이시므로 나를 인도하신다는 확신을 가진 것입니다. 인생의 걸음은 우리에게 있지 않고, 이끌어 주시는 하나님께 있습니다.

하나님은 우리 각자에게 개인적으로 아버지가 되시고, 또한 개인적으로 우리를 자녀라 부르십니다. 우리는 나의 아버지의 자녀로서, 그분의 뜻을 이루어 드리는 삶을 즐거워하며 살아야 합니다.

기도문

> 복의 근원이 되시는 하나님, 고 ○○○ 님께서 남기신 몸을 흙으로 돌려보내고, 귀가하도록 은혜를 주셨음에 감사드립니다. 저희들에게 평생 살아가는 걸음과 자국마다, 주님의 십자가를 나타내 보이는 삶의 은혜를 주시옵소서. 예수님의 이름으로 기도드립니다. 아멘.

장례 후 위로 예배 | 신자의 가정 4

물 댄 동산 같은 심령

‖ **묵상기도의 말씀** ‖
"그들이 와서 시온의 높은 곳에서 찬송하며 여호와의 복 곧 곡식과 새 포도주와 기름과 어린 양의 떼와 소의 떼를 얻고 크게 기뻐하리라 그 심령은 물 댄 동산 같겠고 다시는 근심이 없으리로다 할지어다"(렘 31:12).

- 찬송가_14장, 537장
- 성경 본문_ 예레미야 31:10-14

말씀의 요약

여호와의 손으로 도우셔서, 장례행사를 마치고, 고 ○○○ 님께서 영원한 집으로 옮기셨음을 믿습니다. 하나님께 예배하는 이 시간에, 우리를 위로하시는 은혜는 물 댄 동산의 삶입니다.

1. 포로 귀환의 약속

유다의 백성들은 우상을 숭배하는 죄 때문에 바벨론의 포로가 되었습니다. 그들은 바벨론에 포로로 끌려가 복역의 삶을 살게 되었습니다. 그러나 하나님께서 정하신 기간이 끝나면, 고향으로 돌아올 것입니다. 그들이 자기들의 죄를 회개하면 용서해 주시고, 은혜를 베푸신다고 하셨습니다. 예루살렘으로 귀환시켜 주신다고 하셨습니다.

2. 시온의 찬송

이스라엘 백성들이 고향으로 돌아오면 시온에서 찬송의 소리가 넘칠 것을 약속하셨습니다. 본문 12절은 회복되는 시온의 모습을 보여줍니다. "시온의 높은 곳에서 찬송하며 여호와의 복 곧 곡식과 새 포도주와 기름과 어린 양의 떼와 소의 떼를 얻고 크게 기뻐하리라 그 심령은 물 댄 동산 같겠고 다시는 근심이 없으리로다."

3. 성도의 심령

이스라엘 백성들은 여호와의 복으로 시온은 영화롭게 될 것입니다. 이 은혜는 오늘날, 예수님을 구주로 영접한 우리들이 누리게 될 복을 보여줍니다. 시온의 영광이 회복되었듯이, 우리의 가정에 하나님의 영광이 두루 비치게 될 것입니다. 그 은혜로 말미암아 근심이 없고, 우리의 심령이 물 댄 동산 같게 될 것입니다.

이스라엘 백성들의 삶을 물 댄 동산에 비유하신 하나님이십니다. 여호와 하나님의 은혜는 오늘, 우리들의 삶에도 물 댄 동산의 역사가 있도록 하실 것입니다. 근심이 없고, 즐거움이 넘치게 하십니다.

기도문

생명의 주 여호와여, 고 ○○○ 님의 장례식을 통해서 여호와를 영화롭게 해드리게 하셨음에 감사드립니다. 이제부터 저희들은 고 ○○○ 님을 대신해서 여호와의 음성에 만족하며, 주님을 영화롭게 해드리게 하시옵소서. 예수님의 이름으로 기도드립니다. 아멘.

> 장례 후 위로 예배 │ 신자의 가정 5

박해를 두려워하지 말라

‖ 묵상기도의 말씀 ‖
"기뻐하고 즐거워하라 하늘에서 너희의 상이 큼이라 너희 전에 있던 선지자들도 이같이 박해하였느니라"(마 5:12).

- 찬송가_35장, 544장
- 성경 본문_마태복음 5:10-12

말씀의 요약

고 ○○○ 님을 아버지의 품으로 받아주셔서, 영원한 안식을 누리게 하신 하나님께 감사하여 예배하는 지금, 우리에게 주신 생명의 말씀을 나누겠습니다. 오늘, 우리를 위로하시는 은혜는 고난에 약속되어 있는 은총의 삶입니다.

1. 약속된 천국

사람들은 세상에서 어려운 일에 부닥치지 않고, 평안하게 지내기를 소망합니다. 그러나 하나님의 나라에서는 의를 위하여 박해를 받는 것이 복이라 하였습니다. 성도가 하나님 앞에서 박해를 받으면 천국이 저희 것이 되는 증거가 된다는 것입니다. 만약 성도에게 천국의 복이 약속되어 있지 않다면, 비참할 뿐입니다.

2. 의를 위한 박해

성도들이 이 땅에서 받는 고난에는 놀라운 축복이 약속되어 있습니다. 이 사실이 주님 앞에서 살아가는 우리들에게 크나큰 위로가 되며 소망이 됩니다. 의를 위해서 박해를 받을 때, 의는 바로 주님을 가리킵니다. 성도가 예수님을 사랑하며 살다가, 예수님 때문에 박해를 받으면 복이 됩니다. 그래서 믿음을 버리지 않고, 순교를 합니다.

3. 고난을 받는 까닭

예수님은 세상에 빛으로 오신 분이시기 때문에 그리스도인은 그 빛을 받은 빛의 자녀들입니다. 그러나 세상은 어둡습니다. 어둠은 빛을 멀리 합니다. 이 세상은 어둠에 속해 있기 때문에 빛보다 어둠을 사랑합니다. 우리는 빛을 따르며 그 빛을 따르는 사람들이기 때문에 어둠이 우리를 미워하는 것입니다.

세상은 하나님을 대적합니다. 우리 주님의 공생애에서 나타난 것은 세상의 권세가 주님을 대적하였다는 사실입니다. 그러므로 우리는 박해를 두려워하기보다 의를 이루는 고난으로 받아야 합니다.

기도문

좋으신 우리 하나님, 고 ○○○ 님의 장례식을 주관해 주셨음에 감사드립니다. 하나님의 은혜는 고인의 생전이나, 죽음 이후에도 계속되셨음에 감사드립니다. 눈물로써 감사하는 이 가족들에게 하늘의 은혜를 더하여 주시옵소서. 예수님의 이름으로 기도드립니다. 아멘.

| 장례 후 위로 예배 | 신자의 가정 6

그리스도 안에서

‖ **묵상기도의 말씀** ‖
"아무 일에든지 다툼이나 허영으로 하지 말고 오직 겸손한 마음으로 각각 자기보다 남을 낫게 여기고 각각 자기 일을 돌볼 뿐더러 또한 각각 다른 사람들의 일을 돌보아 나의 기쁨을 충만하게 하라"(빌 2:3-4).

- 찬송가_19장, 523장
- 성경 본문_빌립보서 2:1-4

말씀의 요약

우리에게 믿음의 삶에 대한 교훈을 보이시고, 지금은 천국에 계시는 고 ○○○ 님으로 인하여, 하나님께 영광을 돌립니다. 이 시간에, 우리를 위로하시는 은혜는 그리스도께 초점을 둔 삶입니다.

1. 주 안에서 하나

바울은 빌립보 교회의 성도들이 하나가 되기를 원하였습니다. 그들이 주님의 은혜를 누리면서 한 몸으로 세워지기를 바랐던 것입니다. 무엇보다도 같은 마음, 같은 사랑, 같은 뜻을 지니고 있어야 합니다. 빌립보 교회의 성도들은 교회를 위해서 어떤 일도 할 수 있습니다. 성도들이 한 몸을 경험하려면 서로가 같음을 고백해야 합니다.

2. 다툼이나 허영을 버림

우리가 주 안에서 하나 되려면 다툼이나 허영으로 남을 섬기지 않아야 합니다. 다툼이나 허영을 피할 수 있는 제일 좋은 방법은 하나님의 영광을 추구하려는 마음을 가지는 것입니다. 만일, 자신의 영광을 추구한다면 교회는 하나를 이루지 못합니다. 또한 도움을 받게 되는 형제인 상대방을 무시한다면 하나가 될 수 없습니다.

3. 예수님의 마음과 손

우리가 주 안에서 하나 되려면 예수님의 마음을 품고, 주님의 손길이 되어 봉사를 해야 합니다. 예수님의 마음을 품게 되면, 겸손의 본이 되셨던 주님처럼 다른 이들을 섬길 수 있습니다. 예수님께서는 십자가에 달려 죽으심으로써 겸손의 본을 보이셨습니다. 바울은 빌립보 교회 성도들이 예수님을 닮기를 기도하였습니다.

하나님의 영광을 위해서 드러내야 할 것 있다면 성도의 겸손입니다. 하나님께 겸손함에는 익숙해 있으나 사람에게 겸손함은 부족합니다. 남들에 대하여 주님께 겸손하듯이 다가가야 합니다.

기도문

> 기도를 들으시는 여호와여, 장례예식의 은혜에 감사드립니다. ○○○님의 가정에 성령님의 충만하심이 있어, 여호와의 자비하심에 보답하려는 가족이 되게 하시옵소서. 저희들이 힘을 다해 봉사하고, 생명을 다해 충성하는 예수님의 이름으로 기도드립니다. 아멘.

장례 후 위로 예배 | 불신자의 가정 1

심정을 헤아리시는 은혜

‖ **묵상기도의 말씀** ‖
"여호와여 아침에 주께서 나의 소리를 들으시리니 아침에 내가 주께 기도하고 바라리이다" (시 5:3).

- 찬송가_22장, 197장
- 성경 본문_시편 5:1-3

말씀의 요약

우리 다같이 ○○○ 님의 어르신이신 고 ○○○ 님의 장례식을 마치게 하시고, 하나님께서 이 가정에 복을 주시기로 예비하셔서 주신 말씀을 나누도록 하겠습니다. 오늘, 우리를 위로하시는 은혜는 하나님의 우리를 향하신 자비하심을 깨달음입니다.

1. 간절한 마음의 간구

"여호와여 나의 말에 귀를 기울이사 나의 심정을 헤아려 주소서." 다윗은 하나님께서 그의 심정을 헤아려 주심을 알기에 기도하였습니다. 하나님의 은혜는 늘 다윗으로 하여금 여호와의 손길을 묵상하도록 하였습니다. 그리고 하나님께서 자기를 알아주신다는 것을 깨닫도록 하였습니다. 나를 알아준다는 확신은 더욱 기도하게 합니다.

2. 하나님을 나의 왕으로 삼은 간구

"나의 왕, 나의 하나님이여 내가 부르짖는 소리를 들으소서." 다윗에게는 하나님이 자신의 왕이셨습니다. 그는 이스라엘을 다스리는 왕이었으나 여호와의 다스리심을 받기 원하였습니다. 그를 이스라엘의 임금으로 임명하신 분은 하나님이셨습니다. 그로 하여금 이스라엘을 통치하게 하신 이도 하나님이셨습니다. 하나님은 왕이십니다.

3. 응답을 바라는 간구

"아침에 내가 주께 기도하고 바라리이다." 다윗의 기도는 혼자 하는 독백이 아니고, 하나님께서 응답해 주심을 확신하고 비는 간구였습니다. 그는 자신이 구한대로 여호와의 응답이 이루질 것을 바랐습니다. 우리는 기도할 때만 부르짖지, 간구한 것이 응답되기를 바라는 데는 부족합니다. 눈물로 밤을 보낸 아침에 응답을 소망하였습니다.

좋으신 아버지이신 하나님은 우리의 심정을 헤아리고 계십니다. 우리가 기도하는 것 같으나 응답을 받지 못하는 이유 중의 하나는 하나님을 나의 심정을 헤아리시는 분으로 믿지 않기 때문입니다.

전지진능하신 하나님, 이 가정에 복을 주셔서 믿음의 방법으로 장례식을 거행하였음에 감사드립니다. 이제 이후로 귀한 지체들은 멸망을 받을 수밖에 없었던 데서 건짐을 받은 은혜에 감격하는 삶이 되게 하시옵소서. 예수님의 이름으로 기도드립니다. 아멘.

장례 후 위로 예배 | 불신자의 가정 2

주 여호와는 하나님

‖ **묵상기도의 말씀** ‖
"저녁 소제 드릴 때에 이르러 선지자 엘리야가 나아가서 말하되 아브라함과 이삭과 이스라엘의 하나님 여호와여 주께서 이스라엘 중에서 하나님이신 것과 내가 주의 종인 것과 내가 주의 말씀대로 이 모든 일을 행하는 것을 오늘 알게 하옵소서"(왕상 18:36).

- 찬송가_90장, 380장
- 성경 본문_열왕기상 18:30-40

말씀의 요약

이 시간에, 고 ○○○ 님의 장례예식을 마치고 집으로 귀가하게 하신 여호와의 은혜에 감사드리고, 유족들이 주님의 이름으로 모여 예배할 때, 오늘 우리를 위로하시는 은혜는 하나님을 앎입니다.

1. 제단의 수축

바알의 선지자들의 기도에는 응답이 없었습니다. 이제, 엘리야가 기도를 드릴 차례가 되었습니다. 그는 먼저, 무너진 여호와의 제단을 정비하였습니다. 이어서 야곱의 지파의 수를 따라 12개의 돌을 취해서 제단을 쌓았습니다. 그것은 이스라엘의 하나님의 영광을 드러내는 것입니다. 그는 기도하기 전에 여호와의 영광을 구하였습니다.

2. 소제 드릴 때

엘리야는 제단을 쌓고, 도랑에 물을 부었습니다. 그리고 소제를 드리는 시간이 될 때까지 기다렸습니다. 지금, 이방의 선지자들과 대결을 해서 하나님의 살아계심을 보여야 하는데, 그는 기다렸습니다. 이는 하나님께서 제사를 받으시기로 정해 주신 시간에 기도를 하겠다는 것입니다. 엘리야는 하나님께서 정하신 시간에 기도하였습니다.

3. 하나님의 영광을 구함

엘리야는 하나님의 응답을 바라면서 간절히 간구하였습니다. 그는 "내게 응답하소서"라는 절규에 가까운 기도를 하였습니다. 그런데 간구의 내용은 주는 하나님이신 것을 세상에 선포하게 해달라는 것이었습니다. 거짓 선지자들의 대결에서 자신이 참 선지자임을 드러내게 해달라는 것이 아니라, 하나님의 영광을 구하였던 것입니다.

사람이 원하는 것 가운데 하나는 성공입니다. 하나님을 믿는 일이나, 이 땅에서 살아가는 일에 성공을 거두어야 합니다. 하나님의 손길로 응답되는 성공에는 여호와께서 나의 하나님이 되셔야 합니다.

기도문

> 복의 문을 여시는 여호와여, 장례예식으로 하나님께 영광을 드린 가정에 복을 내려 주시옵소서. 남겨진 식구들을 위로하시고, 하나님께서 고인을 대신하여 보살펴 주시옵소서. 성령님의 위로하심이 아침마다 새롭게 하시옵소서. 예수님의 이름으로 기도드립니다. 아멘.

장례 후 위로 예배 | **불신자의 가정 3**

네 부모를 공경하라

‖ **묵상기도의 말씀** ‖
"네 부모를 즐겁게 하며 너를 낳은 어미를 기쁘게 하라 내 아들아 네 마음을 내게 주며 네 눈으로 내 길을 즐거워할지어다"(잠 23:25-26).

- 찬송가_20장, 557장
- 성경 본문_잠언 23:22-26

말씀의 요약

우리 함께 고 ○○○ 님의 장례를 마치고 귀가한 이 시간이 하나님께 영광이 되기를 소망하며, 고인의 자손들과 우리 모두에게 주시는 하나님의 말씀을 듣겠습니다. 오늘, 우리를 위로하시는 은혜는 부모를 공경하는 삶입니다.

1. 부모의 말을 청종함

자녀는 부모의 말씀을 청종해야 합니다. 본문 22절에, "너 낳은 아비에게 청종하라"고 훈계하십니다. 이삭은 아버지 아브라함이 자신을 잡아 제사드릴 것을 알았지만, 도망도 반항도 하지 않고 하나님과 아버지의 뜻에 순종한 것을 우리는 압니다. 요셉도 아버지의 말씀에 순종하여 자기를 시기하는 이복형들에게 심부름 갔습니다.

2. 부모를 존경함

자녀는 늙은 부모를 가볍게 여기지 말아야 합니다. 본문 22절을 다시 보면, "네 늙은 어미를 경히 여기지 말라"고 훈계하십니다. 어려서는 부모를 훌륭하게 생각하지만 나이가 들면 늙은 부모를 무시하는 경향이 있습니다. 우리가 아는 대로 솔로몬은 "내가 어머니의 얼굴을 괄시하지 아니하리이다" 하며 밧세바를 무시하지 않았습니다.

3. 부모의 기대를 따름

자녀는 부모의 기대에 어긋나지 않는 삶을 살아야 합니다. 본문 24절에, "의인의 아비는 크게 즐거울 것이요 지혜로운 자식을 낳은 자는 그를 인하여 즐거울 것이니라"라고 훈계하십니다. 우리가 잘 되어야 부모가 기뻐합니다. 우리가 신앙에 굳게 설 때 부모는 즐거워하십니다. 나아가 부모의 영혼에 관심을 가져야 합니다.

우리가 거룩하게 여겨야 할 계명이 있다면 부모를 공경하는 것입니다. 부모를 공경할 때, 하나님을 경외하는 것으로 이어집니다. 하나님께서 세워주신 부모를 높이는 것을 하나님은 받으십니다.

> 만족하게 하시는 하나님, 고인은 저희들의 곁을 떠났으나 하나님은 영원히 함께 해주심을 믿습니다. 이 가정에, 매일, 매일의 삶에서 하나님의 사랑을 인간의 말로 다 기록할 수 없는 은총이 부어지기를 소망합니다. 예수님의 이름으로 기도드립니다. 아멘.

| 장례 후 위로 예배 | 불신자의 가정 4 |

여호와의 날이 이르리라

‖ **묵상기도의 말씀** ‖
"그 날에 생수가 예루살렘에서 솟아나서 절반은 동해로, 절반은 서해로 흐를 것이라 여름에도 겨울에도 그러하리라 여호와께서 천하의 왕이 되시리니 그 날에는 여호와께서 홀로 한 분이실 것이요 그의 이름이 홀로 하나이실 것이라"(슥 14:8-9).

- 찬송가_29장, 493장
- 성경 본문_스가랴 14:1-9

말씀의 요약

나그네의 삶을 아름답게 사셨던 고 ○○○ 님의 장례를 마친 후에, 가족들이 여호와께 합당한 영광을 드리는 지금, 우리를 위로하시는 은혜는 여호와의 날을 소망하라고 권면하는 말씀입니다.

1. 회개의 은혜

우리가 여호와의 날을 기다리기 위해서는 회개해야 합니다. 우리 하나님의 시간에는 하루가 천년 같고 천년이 하루 같다고 하셨습니다. 또한 주님의 약속은 어떤 이의 더디다고 생각하는 것같이 더딘 것이 아니라고 하셨습니다. 주님의 재림이 늦는 이유는 오래 참으사 아무도 멸망치 않고 다 회개하기에 이르기를 원하시기 때문입니다.

2. 진리의 은혜

여호와의 날을 기다리는 성도는 말씀의 신앙을 가져야 합니다. 하나님의 말씀으로 징조를 살피고, 여호와의 날을 기다려야 합니다. 그러므로 진리의 말씀에 굳게 서야 합니다. 말씀을 사랑해야 합니다. 우리가 진리의 말씀에 굳게 서 있다면 어떠한 시험이라도 이길 수 있으며 소망 중에 승리하며 여호와의 날을 보게 됩니다.

3. 힘을 다하는 은혜

여호와의 날을 기다리는 성도는 하나님께서 주신 시간의 삶에 최선을 다해야 합니다. 하나님께서 자기에게 맡겨주신 자기의 위치에서 힘써 일을 해야 하겠습니다. 하나님께서는 우리 모두에게 자리를 주셨습니다. 하나님이 보시기에 좋은 사람은 자기의 위치를 벗어나지 않고 자기의 자리에서 주어진 일을 열심히 하는 사람입니다.

우리는 성경에서 하나님의 말씀이 그대로 성취된 것을 많이 봅니다. 주님께서 약속하셨던 메시야로 오심과 같이, 주님은 다시 오시는데, 심판의 주로 오십니다. 주님의 다시 오심을 기다리시기 바랍니다.

기도문

> 존귀하게 하시는 여호와여, 한 번 태어난 인생이 한 번 죽는 엄숙한 진리를 깨닫습니다. 인간적으로는 죽은 이와 헤어진 슬픔이 가득하나, 주님을 찬송하면서 그 은혜 안에서 지내게 하시며, 신령한 즐거움을 누리게 하시옵소서. 예수님의 이름으로 기도드립니다. 아멘.

> 장례 후 위로 예배 | 불신자의 가정 5

신앙고백으로 살아라

‖ 묵상기도의 말씀 ‖

"그러나 내가 나 된 것은 하나님의 은혜로 된 것이니 내게 주신 그의 은혜가 헛되지 아니하여 내가 모든 사도보다 더 많이 수고하였으나 내가 한 것이 아니요 오직 나와 함께 하신 하나님의 은혜로라"(고전 15:10).

- 찬송가_74장, 531장
- 성경 본문_고린도전서 15:9-11

말씀의 요약

고 ○○○ 님께서 남기신 몸을 장사하고, 돌아온 가족들이 생전 고인의 유업을 따르기로 다짐합니다. 오늘, 우리를 위로하시는 은혜는 여호와 앞에서 신앙을 고백하는 삶입니다.

1. 지극히 작은 자

바울은 예수님의 직접 사도가 된 12명의 제자들보다 못한 사도가 아니었습니다. 그런데도 그는 자기를 "나는 사도 중에 지극히 작은 자"라고 고백하였습니다. 그는 사실, 교회를 신학적인 기반 위에 굳게 하는 데 크게 쓰임을 받은 사람입니다. 그럼에도 그는 자신이, "만삭이 되지 못하여 난 자"라고 겸손하게 고백하였습니다.

2. 하나님의 은혜

바울은 자신에 대하여, "나의 나 된 것은 하나님의 은혜로 된 것이라"라고 고백하였습니다. 그는 사실, 전도자로서 모든 사도들보다 더 수고를 하였습니다. 그러나 그것은 자기의 공로가 아니라 하나님의 은혜일 뿐이라고 하였습니다. 바울은 전적으로 자신의 삶과 자신의 존재를 하나님께 의탁하고 그 은혜를 소망하면서 충성하였습니다.

3. 죽는 자

바울은 자신이 날마다 죽는다고 고백하였습니다. 그는 예수님을 영접한 이후에 새사람이 되었습니다. 하나님의 은혜로만 살아가고 하나님의 은혜로만 자신의 존재이유를 찾고 기뻐하였습니다. 그리고 자신을 결코 자랑하지 않았습니다. 그러나 그는 색다른 자랑을 한 가지를 고백하였는데, 그것이 곧 "나는 날마다 죽는다"는 것입니다.

믿음은 고백 위에서 더욱 굳게 됩니다. 우리가 신앙생활을 한다고 교회에 다니기보다는 하나님 앞에서 자신이 누구인지를 고백하는 것이 선행되어야 합니다. 내가 드릴 고백은 무엇입니까?

기도문

> 왕의 왕이신 하나님, 여호와의 은혜로 장례식을 마치고, 집으로 돌아왔습니다. 이제, 고인이 떠난 빈자리에 하나님께서 함께 해주시기를 소원합니다. 저 큰 바다보다도 깊은 하나님의 은혜에 잠기는 지체들이 되게 하시옵소서. 예수님의 이름으로 기도드립니다. 아멘.

`장례 후 위로 예배` `불신자의 가정 6`

예수 그리스도의 심장으로

‖ **묵상기도의 말씀** ‖
"너희로 지극히 선한 것을 분별하며 또 진실하여 허물없이 그리스도의 날까지 이르고 예수 그리스도로 말미암아 의의 열매가 가득하여 하나님의 영광과 찬송이 되기를 원하노라"(빌 1:10-11).

- 찬송가_36장, 553장
- 성경 본문_빌립보서 1:8-11

말씀의 요약

자녀들에게 좋은 부모의 자리를 지키셨던 고 ○○○ 님의 장례식을 끝내고 귀가하여 하나님의 은혜에 감사할 때, 우리에게 주시는 복된 말씀을 나누겠습니다. 오늘, 우리를 위로하시는 은혜는 하나님께 영광과 찬송이 되라는 권면의 말씀입니다.

1. 자라나는 사랑

바울은 빌립보 성도들의 사랑이 자라기를 원했습니다. 곧 자기희생의 사랑인 아가페의 성장이 있기를 원하였습니다. 사랑에는 상한선이 없습니다. 그러므로 얼마든지 자랄 수 있고, 또 자라야 합니다. 나아가 그 사랑에 지식과 총명이 있기를 기도했습니다. 하나님과 예수님을 바로 앎으로 자라가는 사랑이 되기를 기도한 것입니다.

2. 분별하는 지혜

바울은 빌립보 성도들이 지극히 선한 것을 분별할 수 있기를 간구하였습니다. 거짓이 참인 양 날뛰고 있으며, 사탄이 성령을 위장하고 날뛰기 때문에 분별의 지혜가 있어야 합니다. 우리는 다른 복음이 아닌 바른 복음, 다른 예수가 아닌 바른 예수, 다른 영이 아닌 바른 영에 대한 분별력을 가져야 합니다. 바른 것을 추구해야 합니다.

3. 하나님의 영광과 찬송

바울은 빌립보 성도들이 예수 그리스도로 말미암아 의의 열매가 가득하여 하나님의 영광과 찬송이 되기를 간구하였습니다. 우리는 하나님 앞에서 포도나무의 가지입니다. 예수님을 믿음으로 의롭다 하심을 얻은 성도들이 의의 열매를 많이 맺도록 복 주신 하나님께 영광과 찬송을 돌려야 하겠습니다.

만일, 어린 아기가 태어났는데, 몇 달이 지나도록 자람을 눈으로 볼 수 없다면 비정상입니다. 우리는 하나님께 대하여 어린아이로 태어났습니다. 새 생명의 삶이 여호와의 은혜로 날마다 자라야 합니다.

기도문

소원을 이루시는 여호와여, 고인이 저희들의 곁을 떠나신 슬픔에서 위로를 받고, 장례식을 마치게 하셨음에 감사드립니다. 이제도, 위로부터 물 붓듯이 부어주시는 성령님의 은혜에 이끌려 성장하기를 소망하게 하시옵소서. 예수님의 이름으로 기도드립니다. 아멘.

첫 성묘 예배 | 신자의 가정 1

여호와 닛시의 은혜

‖ **묵상기도의 말씀** ‖
"모세가 여호수아에게 이르되 우리를 위하여 사람들을 택하여 나가서 아말렉과 싸우라 내일 내가 하나님의 지팡이를 손에 잡고 산 꼭대기에 서리라"(출 17:9).

- 찬송가_10장, 568장
- 성경 본문_출애굽기 17:8-16

말씀의 요약

오늘, 고 ○○○ 님의 묘소를 찾게 해주신 하나님께 예배하게 하셨음에 감사드리며, 우리에게 주신 하나님의 말씀을 나누겠습니다. 오늘, 우리를 위로하시는 은혜는 하나님은 우리를 이기게 하신다는 약속입니다.

1. 광야 길의 인생

이스라엘 백성들이 지나야 했던 광야는 고된 곳이었습니다. 광야는 거칠고 메마르며 피곤하고 마음에 안정이 없습니다. 17장을 시작하는 1절에, "이스라엘 자손의 온 회중이 여호와의 명령대로 신 광야에서 떠나 그 노정대로 행하여 르비딤에 장막을 쳤으나 백성이 마실 물이 없는지라" 라고 하였습니다. 인생의 삶도 이처럼 힘이 듭니다.

2. 아말렉과의 전쟁

이스라엘 백성들은 자기들의 앞을 가로막는 아말렉의 군사들과 싸

위야 하였습니다. 모세가 여호수아에게 이르되, 사람들을 택하여 나가서 아말렉과 싸우라고 하였습니다. 우리도 때로는 자신의 앞을 막는 문제들과 부딪쳐서 싸워야 합니다. 하나님의 자녀들은 마음을 하나로 해서 악한 세상에 대하여 전투적인 자세를 취해야 합니다.

3. 기도하는 모세

모세 자신은 하나님의 지팡이를 손에 잡고 산꼭대기에 섰습니다. 그때, 모세가 손을 들면 이스라엘이 이기고 손을 내리면 아말렉이 이겼습니다. 모세가 기도할 때, 하나님께서 여호수아와 함께 하셨습니다. 그러나 힘이 들어 그의 팔이 내려오니, 여호수아의 군대가 패하였습니다. 이에, 아론과 훌이 양쪽에서 모세의 팔을 붙잡았습니다.

우리가 하나님을 생각할 때마다 여호와는 나를 돕는 자시라는 것을 기억해야 합니다. 아버지의 즐거움은 자녀를 도와 그가 잘 되게 하는 것입니다. 여호와의 도우심이 때마다 있기를 축복합니다.

기도문

사랑의 주 하나님, 고 ○○○ 님의 묘소에서 하나님을 영화롭게 해드리기 원합니다. 살아가면서 낙심이 될 때 있겠고, 근심에 눌릴 때가 있겠으나 여호와의 은혜가 족한 줄 알고 믿음으로 더욱 살아가는 소망을 주시옵소서. 예수님의 이름으로 기도드립니다. 아멘.

첫 성묘 예배 | 신자의 가정 2

지식을 가져라

‖ **묵상기도의 말씀** ‖
"내 백성이 지식이 없으므로 망하는도다 네가 지식을 버렸으니 나도 너를 버려 내 제사장이 되지 못하게 할 것이요 네가 네 하나님의 율법을 잊었으니 나도 네 자녀들을 잊어버리리라"(호 4:1).

• 찬송가_15장, 433장
• 성경 본문_호세아 4:6-10

말씀의 요약

하나님의 품에 안기신 고 ○○○ 님의 묘를 처음으로 찾아 예배하게 하신 여호와께 영광을 드리고, 우리에게 주신 하나님의 말씀을 나누겠습니다. 오늘, 우리를 위로하시는 은혜는 하늘의 지식을 갖고 사는 생명의 삶입니다.

1. 하나님을 아는 지식

여호와 앞에서 우리가 가져야 하는 지식이 있는데, 첫째로 하나님을 아는 지식입니다. 이스라엘 백성들이 우상을 숭배하고, 하나님께서 미워하시는 일을 하면서도 죄를 몰랐던 것은 하나님을 아는 지식이 없었기 때문입니다. "내 백성이 지식이 없으므로 망하는도다." 호세아 선지자를 통한 하나님의 탄식이셨습니다.

2. 구원에 이르는 지식

여호와 앞에서 우리가 가져야 하는 지식이 있는데, 둘째로 영생을 얻는 비결을 아는 지식입니다. 곧, 구원에 이르는 지식을 가리킵니다. 이스라엘 백성들은 구원 얻는 도를 버리고 우상을 섬기며 다른 신을 섬겼습니다. 그 결과, 하나님의 진노를 산 것입니다. 하나님의 자녀들에게 꼭 필요한 것은 예수님을 구주로 믿는 지식입니다.

3. 최고의 법을 아는 지식입니다.

여호와 앞에서 우리가 가져야 하는 지식이 있는데, 셋째로 율법을 아는 지식입니다. 이 율법으로 여호와 앞에서 경건하게 살아가는 것입니다. 하나님의 율법은 여호와의 선민에게 거룩하게 하고, 죄를 멀리하도록 합니다. 우리에게 생명과 복을 주시고, 사망과 화를 주시지 않으시려고 율법을 주셨습니다. 이 지식으로 자기를 살펴야 합니다.

성도는 세상의 지식으로 하나님의 사람답게 살 수 없습니다. 하나님의 자녀는 여호와의 입에서 나오는 말씀을 지식으로 삼을 때, 성공자의 신앙생활을 하게 됩니다. 말씀의 지식으로 충만하십시오.

기도문

하나님 여호와여, 고 ○○○ 님을 신앙의 조상으로 주셨음에 감사드립니다. 그의 발자취에 의해 저희 가족들이 여호와께 이만큼 나오게 됨을 기뻐합니다. 하나님의 온전하신 사랑, 참 사랑을 가족들의 심령에 부어주시옵소서. 예수님의 이름으로 기도드립니다. 아멘.

첫 성묘 예배 | **신자의 가정 3**

들어주시는 여호와

‖ **묵상기도의 말씀** ‖
"내 의의 하나님이여 내가 부를 때에 응답하소서 곤란 중에 나를 너그럽게 하셨사오니 내게 은혜를 베푸사 나의 기도를 들으소서"(시 4:1).

- 찬송가_29장, 62장
- 성경 본문_시편 4:1-3

말씀의 요약

지금은 믿음의 행전을 다 쓰고, 하늘에 계시는 고 ○○○ 님으로 인하여 하나님의 이름을 송축하며, 우리에게 주신 하나님의 말씀을 나누겠습니다. 오늘, 우리를 위로하시는 은혜는 하나님은 우리의 기도를 들어주시는 분이심을 알려 주시는 말씀입니다.

1. 기도할 때마다

다윗이 기도하는 하나님은 어떤 분이십니까? 그는 지금, 하나님을 향한 기도신앙을 고백하고 있습니다. 1절에서, "내 의의 하나님이여 내가 부를 때에 응답하소서 곤란 중에 나를 너그럽게 하셨사오니 내게 은혜를 베푸사 나의 기도를 들으소서." 그의 하나님은 부를 때에 응답하시고, 곤란 중에 너그럽게 하시며, 긍휼히 여기셨습니다.

2. 너그럽게 하셨사오니

다윗이 하나님을 찾는 이유는 기도에 응답해 주시는 하나님이시기 때문입니다. 그는 살아오면서 얼마나 많은 고난을 당하였는지 모릅니다. 그런데 그때마다 하나님은 곤란 중에서 그를 구해주셨습니다. 그러므로 지금도 자신의 형편과 사정을 아시는 여호와의 도우심을 확신합니다. 우리는 기도의 은혜에 대한 고백이 있어야 합니다.

3. 그를 부를 때

다윗의 기도가 응답을 받았다고 해서 그의 삶이 평탄하지 못하였습니다. 적들은 언제나 그의 목숨을 호시탐탐 노리고 있었습니다. 그러나 다윗은 자신의 대적들과 대항하려 하지 않고, 여호와의 손을 구하였습니다. 하나님을 불렀던 것입니다. 다윗의 기도에 응답하신 하나님은, 지금 우리의 하나님, 나의 하나님이십니다.

우리는 기도할 수 있는 대상이 있어서 기쁩니다. 신자나 불신자나 세상에서 어려움을 당하는데, 불신자들에게는 기도할 대상이 없습니다. 기도를 들으시는 여호와로 인하여 감사하시기 바랍니다.

기도문

> 복의 근원이 되시는 하나님, 고 ○○○ 님을 추모하는 은혜를 주셨음에 감사드립니다. 고인의 하나님을 나의 하나님의 섬기는 저희들을 지켜 주시옵소서. 이제, 구원의 하나님을 널리 전하는 지체들이 되게 하시옵소서. 예수님의 이름으로 기도드립니다. 아멘.

첫 성묘 예배 | 신자의 가정 4

하나님은 나의 구원

‖ **묵상기도의 말씀** ‖
"에브라임 사람들이 모여 북쪽으로 가서 입다에게 이르되 네가 암몬 자손과 싸우러 건너갈 때에 어찌하여 우리를 불러 너와 함께 가게 하지 아니하였느냐 우리가 반드시 너와 네 집을 불사르리라 하니"(사 12:1).

• 찬송가_8장, 499장
• 성경 본문_이사야 12:1-6

말씀의 요약

고 ○○○ 님께서 영원한 집에 계심을 즐거워하여 하나님께 예배하는 이 시간에, 우리에게 주신 하나님의 말씀을 나누겠습니다. 오늘, 우리를 위로하시는 은혜는 하나님을 나의 편으로 삼는 삶입니다.

1. 하나님의 안위

하나님의 이스라엘 백성들에 대한 진노는 그들을 멸망에 이르게 하심이 아니었습니다. 그 진노를 통해서 하나님께서 열어 놓으신 은혜의 길로 들어서라는 뜻이었습니다. 하나님께서는 날마다 말씀으로 하나님 품으로 돌아오도록 이끄십니다. 또한 하나님은 자신이 택한 백성들을 위로하십니다. 하나님의 위로를 기대하시기 바랍니다.

2. 하나님의 구원하심

본문 2절에 보니, "보라 하나님은 나의 구원이시라"고 하셨습니다.

우리는 연약하여 실패하고 넘어질 수 있지만, 하나님께서는 나를 붙잡아 주시고 일으키십니다. 우리는 구원의 길이 하나님께만 있음을 믿어야 합니다. 하나님은 우리의 구원자가 되시니 아무리 힘들고 어려운 환경 속에서도 소망이 되신 하나님을 찬양해야 합니다.

3. 준비해야 하는 여호와의 날

우리는 여호와의 날을 기다리고 사는 사람들입니다. 예수님께서는 심판의 주가 되셔서 세상에 다시 오십니다. 그날에 하나님의 자녀들은 영생의 복을 누리게 되지만, 불신자들은 영벌의 화를 당하게 됩니다. 주님께서는 심판을 통해서 사탄의 권세를 결박하시고 영원히 승리하십니다. 그날이 가까움을 볼수록 우리는 준비해야 합니다.

우리를 죄와 멸망에서 구속해주신 하나님을 찬양합시다. 하나님께서 우리의 아버지가 되신 이상, 다시는 죄와 사망이 우리를 이길 수 없습니다. 구원자이신 하나님의 이름을 찬양하며, 사시기 바랍니다.

기도문

생명의 주 여호와여, 고 ○○○ 님께서 믿음의 일생을 보내며 승리하게 하셨음에 감사드립니다. 그 은혜로 자녀들에게도 승리가 있게 하시옵소서. 하나님의 크신 경륜에 자신들을 내어맡기는 식구들이 되기 원합니다. 예수님의 이름으로 기도드립니다. 아멘.

첫 성묘 예배 | **신자의 가정 5**

상을 받도록 달음질하라

‖ 묵상기도의 말씀 ‖
"운동장에서 달음질하는 자들이 다 달릴지라도 오직 상을 받는 사람은 한 사람인 줄을 너희가 알지 못하느냐 너희도 상을 받도록 이와 같이 달음질하라"(고전 9:24).

- 찬송가_19장, 488장
- 성경 본문_고린도전서 9:24-27

말씀의 요약

고 ○○○ 님을 아버지의 품으로 받아주셔서, 영원한 안식을 누리게 하신 하나님께 감사하여 예배하는 지금, 우리에게 주시는 생명의 말씀을 나누겠습니다. 오늘, 우리를 위로하시는 은혜는 성도의 삶을 다 산 후에는 상급을 주신다는 약속입니다.

1. 목표가 분명한 달음질

바울은 성도의 삶을 운동장에서 달음질하는 것과 같다고 하였습니다. 그러므로 우리가 사는 날 동안에, 뚜렷한 목적의식을 가지고 살아갈 것을 당부하였습니다. 상을 받기 위한 일념으로 달리는 운동선수와 같아야 한다는 것입니다. 성도에게는 하나님의 자녀로서 마땅히 삶의 의미가 있습니다. 삶의 목표를 분명히 해야 합니다.

2. 어려움을 이겨내는 달음질

승리를 하느냐, 못하느냐는 인내가 결정합니다. 달음질은 결코 쉽지 않습니다. 그가 달리는 도중에는 외부적인 환경의 장애와 내부적인 장애가 돌출합니다. 이때, 장애를 극복하고 달려야 합니다. 참된 승리자가 되려면 온갖 어려움과 갈등을 반드시 이겨내야 합니다. 자기에게 주어질 영광의 상을 바라보고, 어려움을 극복해야 합니다.

3. 자신을 쳐 복종하는 달음질

성도의 영광을 시기하고 파멸로 이끄는 세력이 있습니다. 바로 사탄의 궤계입니다. 사탄은 우리를 죽이고, 멸망시키려 하기에, 달음질을 하지 못하도록 방해합니다. 이때, 우리의 가장 약한 부분에 참소하여 훼방을 하는 것입니다. 그러므로 우리에게는 자신을 치는 은혜가 있어야 합니다. 바울은 자신을 쳐서 복종시켜야 한다고 했습니다.

하나님께서 우리를 위하여 상급을 예비해 주셨음에, 달려갈 길을 잘 달려야 합니다. 잘 달리기 위해서 세상의 정욕과 안목의 자랑으로부터 자신을 쳐 하나님의 뜻에 복종하는 은혜를 소망해야겠습니다.

기도문

좋으신 우리 하나님, 우리 주님의 사랑을 날로 더욱 귀하게 여기면서 사셨던 고 ○○○ 님의 신앙을 가족들에게도 주시옵소서. 날마다 자신을 쳐 복종시키는 은혜를 주시고, 고인의 길에서 떠나지 않게 하시옵소서. 예수님의 이름으로 기도드립니다. 아멘.

첫 성묘 예배 | 신자의 가정 6

기쁨으로 드리는 간구

‖ 묵상기도의 말씀 ‖
"너희 안에서 착한 일을 시작하신 이가 그리스도 예수의 날까지 이루실 줄을 우리는 확신하노라" (빌 1:6).

- 찬송가_15장, 313장
- 성경 본문_빌립보서 1:4-7

말씀의 요약

우리에게 믿음의 삶에 대한 교훈을 보이시고, 지금은 천국에 계시는 고 ○○○ 님의 산소를 찾은 시간에, 우리에게 주신 생명의 말씀을 나누겠습니다. 오늘, 우리를 위로하시는 은혜는 성도에게 기쁨을 주시는 하나님에 대한 말씀입니다.

1. 기쁨을 누리는 은혜

바울에게 있어서 빌립보 교회의 성도들은 기쁨이 되었습니다. 그래서 그는 그들이 생각날 때마다 기쁨으로 간구하였습니다. 그의 기도에는 항상 기쁨이 있습니다. 자녀가 그의 아버지에게 무엇을 달라고 요청할 때 기쁨이 없다면, 그것은 구걸일 뿐입니다. 우리는 하나님의 자녀이지 거지가 아니기 때문에 기쁨으로 간구합니다.

2. 기쁨을 누리는 이유

왜 바울이 기쁨의 기도를 드렸습니까? 복음을 전하는 과정 속에서 온갖 고난을 겪었지만, 그 고난을 당하던 시간에 하나님께서 은혜를 주셨기 때문입니다. 그리고 그 같은 고난을 통해서 증거된 복음은 다 열매를 맺었습니다. 빌립보 교회가 교회를 돌보는 감독들과 또 봉사하는 집사들까지 있는 교회로 성장하게 된 것입니다.

3. 기쁨을 주시는 하나님

바울은 빌립보에 와서 전도할 때에 매도 많이 맞았지만 세례 받은 루디아 가정, 고침 받은 점치는 여인, 그리고 구원받고 세례를 받은 간수장의 가정을 잊을 수 없었을 것입니다. 하나님께서는 전도자의 씨 뿌림을 결코 헛되지 않게 하셨습니다. 하나님께서 구원하시기로 작정된 영혼들에게 생명의 씨가 뿌려졌음에 기뻐하였습니다.

우리에게는 두 가지의 기쁨이 있어야 합니다. 하나님의 구속의 은혜로 받는 자신의 기쁨입니다. 그리고 우리가 하나님 아버지께 기쁨이 되어야 한다는 것입니다. 기쁨을 주시는 여호와께 기쁨을 드립시다.

기도문

> 기도를 들으시는 여호와여, 고 ○○○ 님의 삶을 여호와 앞에서 받아 주셨음에 감사드립니다. 외아들을 주시기까지 우리를 사랑하심이 귀한 식구들에게 임하게 하시옵소서. 저들이 주님을 찬양하는 삶이 되게 하시옵소서. 예수님의 이름으로 기도드립니다. 아멘.

첫 성묘 예배 | **불신자의 가정 1**

홀로 남은 야곱의 씨름

‖ **묵상기도의 말씀** ‖
"그가 이르되 날이 새려 하니 나로 가게 하라 야곱이 이르되 당신이 내게 축복하지 아니하면 가게 하지 아니하겠나이다" (창 32:26).

- 찬송가_34장, 393장
- 성경 본문_창세기 32:24-29

말씀의 요약

우리 다같이 ○○○ 님의 어르신이신 고 ○○○ 님의 묘소를 찾아 하나님께 영광이 되게 하셨으며, 하나님께서 이 가정에 복을 주시기로 예비하시고 주신 말씀을 나누도록 하겠습니다. 오늘, 우리를 위로하시는 은혜는 힘을 써서 간구할 때, 응답받는 기도의 삶입니다.

1. 혼자서 겨루어야 하는 씨름

에서의 400명의 군대가 자기를 맞으러 온다는 소식을 들었을 때, 야곱의 두려움은 이루 형언하기 어려웠습니다. 그는 얍복 나루터에서 종들과 가족을 모두 보내고 혼자 남게 되었습니다. 그때, 어떤 사람과 날이 새도록 씨름을 하였습니다. 우리는 그의 씨름을 기도로 해석할 수 있는데, 야곱의 씨름은 자기 혼자서 겨루어야 하였습니다.

2. 결사항전의 씨름

야곱의 씨름을 기도로 이해한다면, 하나님께서 그에게 친히 무릎을

끓게 하심이었습니다. 야곱은 혼자 하나님께 매달려야 하였습니다. 그는 날이 새도록 씨름을 하였다고 했는데, 그의 기도가 그만큼 치열했음을 보여줍니다. 에서의 두려움 때문에 어떻게 해서든지 그 사람으로부터 보호에 대한 확약을 받아야 하였습니다.

3. 축복을 받는 씨름

야곱의 씨름이 얼마나 끈질겼든지, 그 사람이 야곱의 뼈를 쳐서 위골되도록 하였습니다. 그래도 야곱은 "내게 축복하지 아니하면"이라고 매달려 축복을 받아내었습니다. 그는 결국 하나님과 겨루어서 이겼다는 판정을 받았습니다. 실로 결사적 기도가 아닐 수 없습니다. 하나님은 우리가 간절히 매달려 기도할 때 응답하십니다.

우리의 인생에서도 때로 자신이 홀로 하나님과 대면해야 할 순간이 있습니다. 이 시간이 외롭고, 안타깝게도 여겨지지만, 나만의 하나님을 만날 수 있는 은혜의 때입니다. 홀로 하나님을 만나야 합니다.

기도문

전지전능하신 하나님, 야곱에서 이스라엘의 영광이 저희 가족들에게도 있음에 감사드립니다. 여호와를 만나 복을 받는 은혜도 주시옵소서. 하나님의 크신 사랑에 늘 감격하게 하시고, 그 은혜로 번성하는 가정이 되게 하시옵소서. 예수님의 이름으로 기도드립니다. 아멘.

> 첫 성묘 예배 | 불신자의 가정 2

너희 자신을 확증하라

‖ **묵상기도의 말씀** ‖
"너희는 믿음 안에 있는가 너희 자신을 시험하고 너희 자신을 확증하라 예수 그리스도께서 너희 안에 계신 줄을 너희가 스스로 알지 못하느냐 그렇지 않으면 너희는 버림 받은 자니라"(고후 13:5).

- 찬송가_38장, 317장
- 성경 본문_고린도후서 13:5-10

말씀의 요약

이 시간에, 고 ○○○ 님의 묘소에서 여호와의 은혜에 감사드리고, 그의 유족들이 주님의 이름으로 모여 예배할 때, 이 가정에 주신 말씀을 나누도록 하겠습니다. 오늘, 우리를 위로하시는 은혜는 자신이 은혜에서 떨어지지 않도록 살피라는 말씀입니다.

1. 믿음에 바로 서 있는가?

하나님은 우리가 믿음 안에서 자라기를 원하십니다. 그리고 여호와께 온전함을 이루어 살아가기를 바라십니다. 이를 위하여 우리에게 자신을 살피도록 권면하시는데, "너희는 믿음 안에 있는가 너희 자신을 시험하고 너희 자신을 확증하라"고 하십니다. 우리가 믿음에 바로 서 있다는 증거는 예수님을 사랑하며 살기를 원함에 있습니다.

2. 예수님을 바라보고 있는가?

사람에게는 마음이 있어서 이 마음이 사랑을 증명합니다. 예수님을 사랑하는 자에게는 그의 마음이 주님을 사모하는 것으로 가득 채워져 있습니다. 그의 생각과 말, 행동에 있어서 주님께로 향하게 합니다. 죄를 멀리하게 하며, 주님의 뜻이 이 땅에서 이루어지는 것을 자신의 소원으로 삼게 합니다. 진리를 거스르려 하지 않습니다.

3. 예수님을 닮으려 하는가?

우리가 자신을 그리스도 안에 있는가를 확증할 수 있는 것은 그리스도의 장성한 분량에 이르기를 사모하느냐로 알 수 있습니다. 믿음이 있는 성도는 그의 마음이 항상 예수님께로 향합니다. 작은 일에도, 큰 일에도 제일 먼저 예수님을 생각하며 그분께 아뢰게 됩니다. 나아가 양이 목자를 믿고 의지하듯이, 하나님을 의지합니다.

아침이면 거울을 보면서 우리의 맵시를 다듬습니다. 마찬가지로, 말씀과 기도로 우리를 살펴야 합니다. 하루하루의 삶에서 예수님을 닮아가는 자신의 모습을 확인하고, 온전한 성도로 세워져야 합니다.

기도문

> 복의 문을 여시는 여호와여, 저희들이 고 ○○○ 님의 후손이 되어 사랑으로 살게 하셨음에 감사드립니다. 하나님의 은혜와 우리 주 예수님의 사랑에 비추어서 여기에 모인 자손들이 더욱 은혜롭게 되기를 소망합니다. 예수님의 이름으로 기도드립니다. 아멘.

첫 성묘 예배 | 불신자의 가정 3

영화롭게 하리라

‖ **묵상기도의 말씀** ‖
"그가 내게 간구하리니 내가 그에게 응답하리라 그들이 환난 당할 때에 내가 그와 함께 하여 그를 건지고 영화롭게 하리라" (시 91:15).

- 찬송가_31장, 382장
- 성경 본문_시편 91:11-16

말씀의 요약

우리 함께 고 ○○○ 님의 묘소에 둘러앉은 것이 하나님께 영광이 되기를 소망하며, 고인의 자손들과 우리 모두에게 주시는 하나님의 말씀을 듣겠습니다. 오늘, 우리를 위로하시는 은혜는 하나님이 우리를 영화롭게 해주시는 삶입니다.

1. 지키시는 하나님

본문 11절을 봅시다. "그가 너를 위하여 그의 천사들을 명령하사 네 모든 길에서 너를 지키게 하심이라." 하나님은 자기의 백성들을 지키시는 여호와이십니다. 우리를 보호하시며 언제 닥칠지 모르는 어려움에서 지켜 주십니다. 우리는 하나님의 지켜주심을 눈으로 보기 원하며, 그 보호에 소망을 품고, 하루하루를 살아가야 합니다.

2. 무찌르게 하시는 하나님

본문 13절을 봅시다. "네가 사자와 독사를 밟으며 젊은 사자와 뱀을

발로 누르리로다." 하나님의 우리를 향하신 섭리는 우리로 하여금 원수를 이기게 하십니다. 하나님께서는 창조하신 후에 그 피조물들을 그냥 무책임하게 내던지지 않으십니다. 하나님은 끊임없는 관심으로 보호하시고 원수들에게서 건져 생명으로 이끄십니다.

3. 구원하시는 하나님

본문 14절을 봅시다. "하나님이 이르시되 그가 나를 사랑한즉 내가 그를 건지리라 그가 내 이름을 안즉 내가 그를 높이리라." 하나님은 우리를 죄악과 죽음과 저주에서 구원하시기 위해 예수님을 보내셨습니다. 오직 예수님을 통해서만 승리할 수 있습니다. 하나님께서는 우리의 손을 잡아주시고, 구원의 높은 자리에 앉게 하십니다.

하나님께서 우리를 영화롭게 해주신다고 약속하셨습니다. 사실, 우리는 이미 영화로워졌습니다. 죽을 몸이 죽지 않고, 심판을 받을 몸이 영생을 얻었으니, 주님 안에서 영화롭게 된 것입니다. 감사합시다.

기도문

> 만족하게 하시는 하나님, 고 ○○○ 님의 산소에서 예배하는 저희 가정의 지체들에게 복을 내려 주시옵소서. 이 시간에도 주 없이 살 수 없음을 고백하오니, 주님의 은혜가 늘 이 집에 머무르게 하시옵소서. 예수님의 이름으로 기도드립니다. 아멘.

첫 성묘 예배 | **불신자의 가정 4**

여호와의 영으로 충만하라

‖ **묵상기도의 말씀** ‖
"무릇 시온에서 슬퍼하는 자에게 화관을 주어 그 재를 대신하며 기쁨의 기름으로 그 슬픔을 대신하며 찬송의 옷으로 그 근심을 대신하시고 그들이 의의 나무 곧 여호와께서 심으신 그 영광을 나타낼 자라 일컬음을 받게 하려 하심이라"(사 61:3).

- 찬송가_9장, 272장
- 성경 본문_이사야 61:1-3

말씀의 요약

나그네의 삶을 아름답게 사셨던 고 ○○○ 님의 묘소에서 가족들이 여호와께 합당한 영광을 드리는 지금, 우리를 위로하시는 은혜는 성령님의 위로하심이 넘치는 삶입니다.

1. 하나님이신 성령님

이 세상의 주관자가 되시는 하나님은 성부 하나님, 성자 예수님, 성령 하나님이 위격으로 하나이신 삼위일체의 하나님이십니다. 성령님은 제3위의 하나님이십니다. 성경에서는 성령님의 사역과 관련해서 불, 기름, 비둘기로 나타나기도 합니다. 그리고 성령님께서는 하나님의 뜻이나 일에 대하여 생각하고, 기억나고, 일하게 하십니다.

2. 성령님의 사역

성령님은 온전한 인격자로 전지전능 하시고 무소부재하신 하나님이십니다. 성령님께서는 우리가 하나님과 예수님의 사역을 믿을 수 있는 믿음을 주십니다. 또한 성령님께서는 교회의 덕을 세우도록 성도들에게 은사를 주셔서 예언, 병 고침, 가르치도록 하십니다. 우리 인격 속에 사랑, 온유, 희락과 같은 성령의 열매를 맺게 하십니다.

3. 성령님의 충만

하나님께서 성령님의 사역을 통하여 은사를 주심은 그것을 활용해서 하나님의 일을 하라는 것입니다. 그렇다면, 성도는 성령님의 충만하심을 사모해야 합니다. 성령님의 능력이 온전히 나를 채우도록 하는 것입니다. 성도는 믿을 때 성령님을 받지만, 온전한 그리스도인으로 능력 있게 살려면 성령님의 충만을 받아야 합니다.

우리를 세상으로부터 구별되어 살도록 하는 힘과 지혜는 하나님의 영으로 말미암습니다. 성령님께서 우리 안에 충만히 거하시기를 사모하시기 바랍니다. 하나님의 영이 우리를 복 된 인생으로 이끕니다.

> 존귀하게 하시는 여호와여, 고 ○○○ 님의 묘소에서 다시 한 번 비오니, 저희들을 성령님의 충만하심으로 인도해 주시옵소서. 예수님의 보혈을 찬송하며 지내는 이 식구들에게 천성을 바라보고 살아가는 은혜로 함께 하시옵소서. 예수님의 이름으로 기도드립니다. 아멘.

첫 성묘 예배 | **불신자의 가정 5**

육체의 구원, 영혼의 구원

‖ 묵상기도의 말씀 ‖
"이 이방인 외에는 하나님께 영광을 돌리러 돌아온 자가 없느냐 하시고 그에게 이르시되 일어나 가라 네 믿음이 너를 구원하였느니라 하시더라"(눅 17:18-19).

- 찬송가_35장, 438장
- 성경 본문_누가복음 17:11-19

말씀의 요약

고 ○○○ 님의 묘소에서, 이 시간에 유족들이 생전 고인의 유업을 따르기로 다짐할 때, 우리에게 주시는 영생의 말씀을 나누겠습니다. 오늘, 우리를 위로하시는 은혜는 현실 문제의 해결과 아울러 영혼의 구원을 소망함에 대한 말씀입니다.

1. 간절함의 은혜

마을 어귀에서 살던 나병환자 10 명이 예수님의 오심을 보게 되었습니다. 그들은 이미 예수님이 어떠하신 분이신지를 알고 있었습니다. 그러나 자기들이 불결하였기에 주님께로 다가갈 수가 없었습니다. 그런데 지금, 예수님을 멀리서 보게 되었으니 얼마나 좋은 기회입니까? 그들은 소리를 질러 예수님께 고쳐달라고 하였습니다.

2. 순종함의 은혜

예수님은 나병환자들의 소리를 들으시고, 그들을 보셨습니다. "우리를 불쌍히 여기소서"라는 그들의 간절함을 받아주셨습니다. 예수님은 자기를 찾는 이들을 불쌍히 여겨 주십니다. 그래서 제사장들에게 가 몸을 보이라 하셨습니다. 이 말씀에 그들은 순종하여 제사장들에게 갔는데, 가는 도중에 나병에서 나은 것을 알게 되었습니다.

3. 감사함의 은혜

본문 15절을 보니, 나병환자들 중의 한 사람이 자기가 나은 것을 보고 큰 소리로 하나님께 영광을 돌리며 예수님께로 돌아왔습니다. 이 사람이 예수님의 발아래 엎드려 감사할 때, 주님께서는 이 사람에게 네 믿음이 너를 구원하였다고 하셨습니다. 구원의 은혜를 선포하신 것입니다. 9명의 사람들은 구원의 은혜를 받지 못하였습니다.

우리의 구원자이신 예수님을 찬양합시다. 주님께서는 우리를 사랑하셔서 인간의 문제를 해결해 주시고, 영혼을 구원해 주셨습니다. 영생을 얻게 해주신 이 은혜에 감사하면서 사는 복을 누립시다.

기도문

> 왕의 왕이신 하나님, 저희들의 발걸음을 이곳으로 이끌어 주셔서 고 ○○○ 님을 추모하게 하셨음에 감사드립니다. 이 시간에, 사망을 이기신 능력을 주님을 모신 유족들에게 주시사 매일의 삶에서 이김을 보는 은혜를 주옵소서. 예수님의 이름으로 기도드립니다. 아멘.

첫 성묘 예배　**불신자의 가정 6**

나의 하나님께 감사하며

‖ 묵상기도의 말씀 ‖
"하나님 우리 아버지와 주 예수 그리스도로부터 은혜와 평강이 너희에게 있을지어다"
(빌 1:2).

- 찬송가_28장, 313장
- 성경 본문_빌립보서 1:1-3

말씀의 요약

자녀들에게 좋은 부모의 자리를 지키셨던 고 ○○○ 님을 추억하며, 하나님께 예배할 때, 우리에게 주시는 복된 말씀을 나누겠습니다. 오늘, 우리를 위로하시는 은혜는 하나님을 나의 아버지로 고백하고 감사하는 삶입니다.

1. 나의 하나님 – 바울의 하나님

바울은 빌립보 성도들을 위하여 중보 할 때에 '나의 하나님' 께 기도하였습니다. 그에게는 가족, 권력, 재산은 없었습니다. 그러나 나의 하나님이 있었습니다. 하나님을 나의 하나님으로 믿는 사람은 아무 것도 없는 자 같으나 하나님이 없이 모든 것을 소유한 사람보다 더욱 부요한 사람입니다. 그는 자신을 가리켜 넘친다고 하였습니다.

2. 소망을 주시는 하나님

바울에게 있어서 나의 하나님에 대한 신앙은 하나님을 소망하도록 하였습니다. 그리고 복음을 위해 죽도록 충성하는 전도자에게 사랑을 베푸는 성도들을 복 주시는 하나님이십니다. 우리의 참 소망은 사람이 갖고자 해서 소유하게 되는 것이 아닙니다. 그것은 하나님의 은혜로 말미암아 위로부터 내려와야 합니다.

3. 나의 하나님-우리의 하나님

바울은 나의 하나님께 기도할 때, 빌립보의 성도들을 위해서도 기도하였습니다. 그의 기도는 우리의 기도에 대한 교훈을 줍니다. 우리도 나의 하나님께 기도할 때 나 개인을 위해서만 기도하지 말고 우리를 위해 기도해야 합니다. 예수님도 자신을 위해, 제자들의 거룩함을 위해서 간구하셨습니다. 우리 모두를 위해 기도하시기 바랍니다.

우리가 하나님의 이름을 부를 때, 그 이름은 종교적인 술어가 아닙니다. 예배라는 의식을 진행하는 어떤 명사도 아닙니다. 하나님을 나의 아버지시며, 나를 도와주시는 하나님으로 고백하시기 바랍니다.

기도문

> 소원을 이루시는 여호와여, 조상의 묘를 찾은 자녀들을 축복합니다. 돌아가신 이를 생각하며, 하나님의 영광을 구하니 여호와께서 이 가정에 풍성한 은혜를 내려 영혼이 잘 되고, 범사가 잘 되는 복을 보게 하시옵소서. 예수님의 이름으로 기도드립니다. 아멘.

참고문헌

곽선희,「내게 주신 은혜의 선물」서울: 계몽문화사, 2004.
김삼환,「칠년을 하루같이」서울: 실로암, 2000.
김선도,「가정 속에 숨겨진 보화」서울: 도서출판 광림, 2002.
김세환,「기독교에서 본 관혼상제」서울: 가락성산교회, 2001.
김의환,「성경적 축복관」서울: 성광문화사, 1987.
나용화,「기독교 신앙의 진리」서울: 기독교문서선교회, 2004.
문창선,「우리의 소망이신 예수」서울: 성광문화사, 2000.
서문강,「그 넉넉한 이김의 보장」서울: 개혁주의신행협회, 2002.
서임중,「인생은 삼겹줄의 삶입니다」서울: 도서출판 햇불, 1998.
양창삼,「당신 안에 있는 영성을 깨워라」서울: 나침반출판사, 2003.
옥한흠,「우리가 바로 살면 세상은 바뀝니다」서울: 도서출판 두란노, 1998.
윤남중,「그리스도인의 품성론」서울: 새순출판사, 2001.
이건영,「평신도 주기도문」서울: 엘맨출판사, 2004.
이동원,「이렇게 너의 성전을 거룩되게 하라」서울: 나침반출판사, 2001.
이병돈,「예수님의 재림과 요한계시록 강해」서울: 도서출판 예광, 2002.
이성희,「침묵의 은총」서울: 도서출판 두란노, 2001.
이윤재,「내가 깊은 곳에서」서울: 쿰란출판사, 2000.
이중수,「화가 복이 될 때까지」서울: 양무리서원, 2003.
임세일,「세상에서 가장 아름다운 용서」서울: 양무리서원, 2003.
정필도,「성령의 사람」서울: 생명의말씀사, 2002.

최기채, 「성도의 임종학」 서울: 성광문화사, 1998.

최덕훈, 「25분 구역공과―너희는 이렇게 기도하라」 서울: 쿰란출판사, 2003.

홍정길, 「십계명강해」 서울: 크리스챤서적, 2004.

John White, *The Golden Cow*, 오태룡 역, 「금송아지」 서울: 생명의말씀사, 1983.

Kenyon, E. W. Gossett, Don Joyce. *The Power of Your Words*, 권혁재 역, 「이런 선언이 축복과 성공을 부른다」 서울: 나침반출판사, 1999.

Martyn Lloyd Jones, *The Heart of the Gospel*, 이중수 역, 「복음의 핵심」 서울: 양무리서원, 2001.

Neil Eskelin, *101 Promises Worth Keeping*, 황규일 역, 「성공으로 이끄는 101가지 약속」 서울: 기독교문서선교회, 1998.

Raymond C. Ortlund, *Lord, make My Life a Miracle*, 박광철 역, 「헌신의 삶」 서울: 생명의말씀사, 1999.

Richard Bewes, *Does God reign?*, 민영기 역, 「하나님, 지금도 통치하십니까?」 서울: IVP, 1999.

Tom Bisset, *Way Christian Leave the Faith*, 전순영 역, 「왜 믿는 집안의 자녀들이 교회를 떠나는가?」 서울: 도서출판 나침반사, 1999.

Wesley L. Duewel, *Touch the World through Prayer*, 김지찬 역, 「기도로 세계를 움직이라」 서울: 생명의말씀사, 1988.

가정 추모예배서

초판 3쇄 인 쇄 · 2017년 12월 19일
　　　　발 행 · 2017년 12월 26일

　　지은이 · 한치호
　　발행인 · 황경자
　　발행처 · 도서출판 두돌비
　　주 소 · 서울특별시 중랑구 동일로 107길 12
　　전 화 · (02)964-6993 / Fax (02) 2208-0153
　　등 록 · 제 2006-12호(2006.8.17)
　　홈 피 · http://www.153books.co.kr
　　메 일 · 153books@hanmail.net
　　ISBN 978-89-89236-12-2

　　*이 책의 저작권은 저자가 소유하고 있습니다. 저자와 출판사의
　　 사전 승인없이 책의 내용을 복제, 인용할 수 없습니다.
　　*잘못된 책은 바꿔 드립니다.